赢在执行

黄治淮　王彦德◎著

北京联合出版公司

图书在版编目（CIP）数据

赢在执行 / 黄治淮，王彦德著 . —北京：北京联合出版公司，2019.11
ISBN 978-7-5596-3671-3

Ⅰ.①赢… Ⅱ.①黄… ②王… Ⅲ.①制造工业—工业企业管理—研究—中国 Ⅳ.① F426.4

中国版本图书馆 CIP 数据核字（2019）第 190855 号

赢在执行
作　　者：黄治淮　王彦德
选题策划：北京时代光华图书有限公司
责任编辑：昝亚会　夏应鹏
特约编辑：李淼淼
封面设计：李尘工作室

北京联合出版公司出版
（北京市西城区德外大街 83 号楼 9 层　100088）
嘉业印刷（天津）有限公司印刷　新华书店经销
字数 163 千字　787 毫米 × 1092 毫米　1/16　13.25 印张
2019 年 11 月第 1 版　2019 年 11 月第 1 次印刷
ISBN 978-7-5596-3671-3
定价：58.00 元

未经许可，不得以任何方式复制或抄袭本书部分或全部内容
版权所有，侵权必究
本书若有质量问题，请与本社图书销售中心联系调换。电话：010-82894445

顾　　　问：杨思卓　万克焱
主　　　编：黄治淮　王彦德
副　主　编：钟华勇　万全球
编委会成员：张　中　袁达军
　　　　　　张　鹏　潘瑰宝

目录

推荐序　将传统文化融入现代企业管理　　　VII
序　　　　　　　　　　　　　　　　　　　IX

第一章　企业管理之精细化

第一节　用《孝经》思想，做企业管理　　003
第二节　活用《道德经》，处处行得通　　004
第三节　核心价值观，文化是关键　　　　005
第四节　创企业文化，建管理系统　　　　006
　　一、《孝经》架构在企业组织中的对应关系　006
　　二、《孝经》层级在企业中的应用　　　　006
　　三、企业战略与规划　　　　　　　　　　007
　　四、企业"精细化"管控三化　　　　　　007

第二章　组织管控流程化

第一节　组织管控流程化的落地生根　　　013
　　一、组织架构的设计时机　　　　　　　　013

二、一般的组织架构设计方法		014
三、组织架构的常见类型		014
四、设计组织架构的原则		020
五、组织分工与协调的方式		021
六、工作流程分析方法		022
第二节	组织管控流程化的操作指南	025
一、质量管理七项原则		025
二、流程化管理层级模型		026
三、流程化管理理念		026
四、客户端到企业端流程的建立		029
五、流程绩效指标		032
六、制定流程指导的原则		037
七、流程分类与细化		037
第三节	组织管控流程化的岗位分析	042
一、岗位		042
二、特色岗位技术分析		043
三、岗位分析五大方法		052
四、岗位说明书		065

第三章 现场管控精细化

第一节 现场管控精细化的基本概念　081
一、精细化管理的本质　081
二、精细化管理在企业经营中的应用　082
三、"精益生产"与"精细化管理"的异同　083
四、现场管控精细化的"三个成功"　085

第二节 现场管控精细化的落地生根　086
一、现场问题的三大类型　086
二、现场问题的解决策略　087

第三节 预防"三剑客"——打造零缺陷管理　087
一、第一剑（FMEA）：风险评价缔造完美　087
二、第二剑（SPC）：一切变化尽在掌控　092
三、第三剑（MSA）：全面扼杀天灾人祸　099

第四节 实现现场管控精细化的五大方法　105
一、5S 管理　105
二、在职培训　108
三、现场防错防呆系统　111
四、标准作业程序　113
五、精细化管理中的激励手段　120

第四章　数据管控目标化

第一节　数据管控目标化的相关概念　129
一、数据　129
二、数据管控的意义　131
三、确定数据的依据　131
四、绩效数据管理　131
五、关键绩效指标　135

第二节　数据管控目标化的落地　138
一、基础数据库的确定　138
二、企业数据库建立的操作流程　139
三、基础数据库的确定　139
四、目标与目的、指标关系　141
五、绩效管理体系　142

第三节　数据管控目标化的工具活用　157
一、统计工具与图表活用　157
二、QC 七大手法　158
三、5why 分析法　162
四、5W2H 分析法　169
五、头脑风暴法　172

第四节　数据管控目标化的制胜法宝　　176
　　一、数据与目标检讨会议制度　　176
　　二、解决问题的流程　　178

附　录　标杆企业的企业文化　　181
　　一、阿里巴巴的"六脉神剑"与"九阳真经"　　181
　　二、"华为基本法"核心价值观摘要　　192

将传统文化融入现代企业管理

　　中国企业的平均寿命较短。美国《财富》杂志报道，美国中小企业平均寿命不到 7 年，大企业平均寿命不足 40 年。而中国，中小企业的平均寿命仅不到 3 年。企业为什么会英年早逝？这些年从资本的角度研究企业时，我发现了一个非常可怕的问题：每年获得风投排名前 500 名的企业，会有 400 家活不过 3 年。其中 80% 的企业死亡的根本原因，不是没有资金，不是没有市场，甚至不是没有人才，而是没有管理到位。再说一遍，不是没有管理，而是没有管理到位！创业企业就像新生儿，在最需要精心照料的时候，却只得到了最简单粗暴的管理。可以说，大多数中国企业死在粗暴管理上。

　　那该怎么办？当然是加强管理。但现实情况不容乐观，当管理只是一种制度要求，没有成为一种文化习惯的时候，多数企业执行管理的结果是：很努力，很麻烦，不管用！

作为六西格玛黑带顾问、PTT 国际注册职业培训师的黄治淮，服务于各类公司，在提升企业存活率和企业竞争力方面经验丰富。他及其团队的做法很独特，不是简单地学欧美学日本。他们的创新是，将传统文化融入现代管理。《孝经》是儒家十三经之一，他们发现了这部经典的新价值，对伦理道德这个最难管的领域实行了精细化管理。

"夫孝，德之本也，教之所由生也。身体发肤，受之父母，不敢毁伤，孝之始也。立身行道，扬名于后世，以显父母，孝之终也。夫孝，始于事亲，中于事君，终于立身。"这一段的要义是，孝道，就是德行的根本、教化的出发点、企业文化的根源。所谓孝，从侍奉父母开始，然后效力于国君，最终建功立业，功成名就。

他们欣喜地发现，2500多年前的先人已经把管理的流程和方法梳理得清清楚楚，我们中国人具有精细化的基因。他们聚焦于此，找到了当前中国企业组织管控现状不佳的真因，彻底打破制造业的传统管理模式，以《孝经》和《道德经》的思想，构建起"互联网+"和工业革命4.0企业管理新模式，扎扎实实地帮助企业营造一个系统，真正做到了简单而不粗暴、管而不死、活而不乱。

本着"以强企之行，实现强国之梦"的情怀，我支持黄治淮老师和他的团队，把自己的经验奉献出来，成为这个时代的共享财富。

杨思卓

"精"代表细密,与"粗"相对,"工匠精神"就是追求卓越的制造精神、精益求精的品质精神、用户至上的服务精神。

"经"者常也,言常道也。"经"者径也,言人所共由也。径乃路径,如欲达远方,必循成功之路径,方可至也。"经"亦指《孝经》《道德经》等传统文化宝典,这些典籍凝聚了圣人先贤的智慧,可助企业家汲取营养,培植企业百年之根基。

"细"乃小,亦微也。细节是魔鬼,细节决定成败。工厂管理要细化,只要是有人的地方、有设备的地方、有物品流动的地方,就必须有作业指导书。要让一切运作尽在掌控,从而真正做到工厂的细节管理,进一步降低企业管理成本。

"化"指性质或形态改变,代表改变、变革、革命。大多数人是需要被"教化"的,教育可使人心、社会风气得以改变。企业精细化管理的推行,亦可达成企业经营人人皆可参与、人人皆有话语权的目的,进而实现企业的战略目标。

"话"乃语言,表示通俗易懂之意。我们的作业方法、生产流程、标准作业指导书必须能通过"祖母测试法",具有可操作性、可视化、可复制性等特征,让人一看便知、一用便会。说话有技巧,谈话有方略。用在企业管理场合,"全员参与"即代表企业员工人人皆有"话语权"——人人皆拥有为企业经营建言献策、为基业长青施肥浇水之权利。

"精""经"同音,"化""话"同音,由"经细话"到"精细化",是一条寻古人智慧再走向现代科学管理的文化传承和发展的管理之路。"精细化"最终形成企业经营之管理系统,保证企业能正常经营、发展,避免在市场竞争中被无情淘汰。

第一章

企业管理之精细化

第一节　用《孝经》思想，做企业管理

《孝经》总结了管理的基本原则：孝的原则。孝的本义专指子女对双亲的态度，《孝经》把孝的思想延伸到国家治理与社会管理中，我们现在亦可把孝的原则用在企业管理中，这也是古为今用，推陈出新，与时俱进。

说简单点：企业中"孝"的标准，用于衡量每个人做事的时候有没有尽到职责，有没有对上司尊敬，对下属爱护，对同事发挥团队协作和无私奉献的精神。

《孝经》曰："夫孝，德之本也，教之所由生也。身体发肤，受之父母，不敢毁伤，孝之始也。立身行道，扬名于后世，以显父母，孝之终也。夫孝，始于事亲，中于事君，终于立身。"

孝道，是德行的根本、教化的出发点，也是企业文化的根源。每个人都要体念父母爱儿女的心，保全自己的身体，不敢稍有毁伤，这就是孝道的开始。一个成功的企业家，必先从爱惜自己的身体开始，这也是《孝经》的内涵。企业是由老板创立的，企业的老板就相当于企业的父

母，企业的财产、员工的工作都是"父母"给的。既然员工的工作受之于老板，员工就要尽心竭力，不要怠慢工作，这是职业人建立职业道德的基础。

人遵循仁义道德，有所建树，显扬名声于后世，从而使父母获得荣耀，这就是孝道。如果某个员工在企业里声名在外，被其他员工当作学习的榜样，他的上司也将因此显耀起来（师傅沾徒弟的光）。这是员工应该做到的，也是"孝道"在企业中的体现。

第二节　活用《道德经》，处处行得通

《道德经》第四十二章："道生一，一生二，二生三，三生万物。"

简要释义如下：道生一，一是太极；一生二，二是阴阳；二生三，三是阴阳合和；三生万物，万物是万事万物。我们也可以这样理解：道生一，一是我；一生二，二是我和你；二生三，三是我、你、他；三生万物，万物指客户、事业和财富。

市场需求促使企业开发产品，产业分工造就产品生产供应链（见图1-1）。

市场 → 商户 → 一级供应商 → 二级供应商 → 三级供应商 → ……

图1-1　产品生产供应链

《道德经》第六十章："治大国若烹小鲜。"

简要释义如下：治理国家就像烹饪小鱼小虾一样，不要随意翻动，火候亦要适当，否则鱼虾会不成形，没有咸淡适中的口味，也不可能做出色

香味俱佳的菜肴。

一个企业家就算拥有过亿的财富，如果除以企业的员工人数，财富就会显得微不足道。企业中每个员工如果都不注重细节，比如每个人都乱丢垃圾又没人主动去捡起，一件件垃圾累积起来，就会堆积如山，这便是大问题。所以，在企业管理中，我们常常说低调做人，高调做事，注重细节，讲的就是这个道理！

企业经营管理，应遵循"治大国若烹小鲜"的理念，找准企业市场定位，打造有自己特色的企业文化，搭建扁平、精干、高效的组织架构，不折腾、不内耗，用"精细化"的管理实现企业的高效运作。唯有如此，才能在优胜劣汰的市场竞争中立于不败之地。

第三节　核心价值观，文化是关键

我们国家在不同的发展时期，用不同的核心文化来引领社会变革和社会进步。

经营企业也要这样，在运用中华民族优秀传统文化的基础上，吸收世界各国优秀的管理文化和制度，结合企业的具体情况，与时俱进，形成自己独特的企业文化，在不同时期用不同的企业文化来引领企业的发展。只有构建了企业自身的独特文化，让企业文化能够传承和持续发展，我们的企业才会基业长青。

第四节　创企业文化，建管理系统

一、《孝经》架构在企业组织中的对应关系

每个人都要找到自己在企业中的位置，做到人尽其用、位尽其职，并形成一个命运的共同体，企业才能步入良性的发展轨道（见图1-2）。

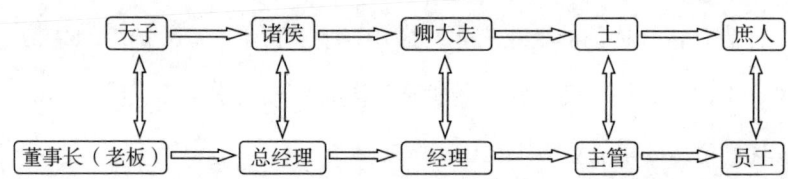

图1-2　《孝经》架构在组织中的对应关系

二、《孝经》层级在企业中的应用

《孝经》：从天子到庶人，各尽孝道。

企业：从董事长到员工，各尽其职。

经营理念：在企业中，上至董事长下至普通员工，分工有不同、职位有高低，但无优劣之分，大家分工协作，各司其职（《孝经》理念）。以市场（客户）为导向，按流程做事，按简便易懂的标准作业文件（祖母测试法）进行规范操作，按业绩考核，按PDCA管理循环模式运作，人人参与创新改善（员工话语权），工作精益求精（工厂细）。坚持"质量第一"的方针，及时提供客户需要的产品和服务（制造精），提高产品良率（六西格玛水准）。自然企业运作就不需要那么多的管理人员（管理细），进而实现组织管控三化——组织管控流程化、现场管控精细化、数据管控目标化。

浪费减少了，成本降低了，质量提升了，效率提高了，客户满意度提高了，企业盈利多了，企业在市场竞争中就会立于不败之地。

三、企业战略与规划

企业发展及战略规划要与社会主义核心价值观相结合。

社会主义核心价值观：富强、民主、文明、和谐，自由、平等、公正、法治，爱国、敬业、诚信、友善。富强、民主、文明、和谐是国家层面的价值目标，自由、平等、公正、法治是社会层面的价值取向，爱国、敬业、诚信、友善是公民个人层面的价值准则。

习近平新时代中国特色社会主义思想已明确指出：新时代我国社会主要矛盾是人民日益增长的美好生活需要和不平衡不充分的发展之间的矛盾。企业要多生产智能、环保、节能、质优的产品以满足人民对美好生活的需要，要把这条作为企业的经营战略并贯彻实施。企业要围绕此根本方略建立适合本企业发展的企业文化，进而指导企业的日常运作，引导企业走上良性循环的轨道，最终实现企业自身价值和社会价值。为利益相关方创造更多的价值，为员工增添更多的福利，这样的企业就能在残酷的市场竞争中立于不败之地。

四、企业"精细化"管控三化

"精细化"管控三化层层递进、相互嵌套。

（1）战略：解决的问题——做什么？如何做？在哪里做？（方向和目标）

（2）组织管控流程化：解决的问题——管什么？如何管？（确定汇报体系和授权体系，确保流程通畅）

（3）现场管控精细化：解决的问题——具体内容是什么？（有据可依，有据可查）

（4）数据管控目标化：解决的问题——如何持续和有效？（对公司有益，对个人有利）

企业应该去掉急躁和粗暴管理的习惯和做法，把"精细化"管控三化认真执行下去，打造有自己特色的企业文化。"以强企之行，实现强国之梦"为情怀，发扬团队协作精神，以国家制定的《中国制造2025》为行动纲领，积极响应国家号召，坚持"创新驱动、质量为先、绿色发展、结构优化、人才为本"的基本方针，坚持"市场主导、政府引导，立足当前、着眼长远，整体推进、重点突破，自主发展、开放合作"的基本原则，通过"三步走"实现制造强国的战略目标：第一步，到2025年迈入制造强国行列；第二步，到2035年中国制造业整体达到世界制造强国阵营中等水平；第三步，到新中国成立一百年时，综合实力进入世界制造强国前列。

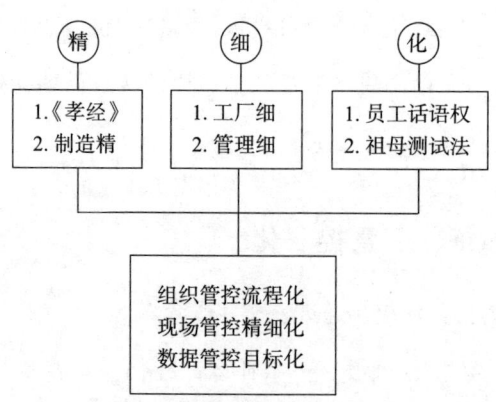

图1-3 "精细化"管控三化

"精细化"语录

1. 工作上是上级，生活上是下级。

2. 新时代的企业家要塑造独特的企业文化，将自己成功的经验无限放大并感召你的员工，让员工追随着你的梦想一起成长。

3. 生命可能停止，财富可能消失，唯有文化生生不息。

第二章

组织管控流程化

第一节 组织管控流程化的落地生根

不论什么样的企业，都应有其存在的基本目的和宗旨。一家企业必须通过为社会提供独特的有价值的产品和服务证明其存在的价值。企业的目的和宗旨直接影响着企业的组织结构和组织行为，进而影响企业的发展前景。这是企业组织结构设计的出发点。

组织结构是指一个组织内各构成要素及它们之间的相互关系，它描述组织的框架体系。组织结构主要涉及企业部门构成、基本的岗位设置、权责关系、企业业务流程、生产制造管理流程及企业内部协调与控制机制等。企业组织结构是实现企业宗旨的平台，直接影响着企业内部组织行为的效果和效率，所以设计好组织架构是企业实现愿景的必要前提。

一、组织架构的设计时机

在以下时间点，企业需要设计组织架构。

（1）企业新成立时。

（2）企业原有的组织架构出现较大问题或企业的经营目标发生大的变化时。

（3）组织架构需要进行局部的调整和完善时。

二、一般的组织架构设计方法

要根据企业内外部的环境、资源，企业的历史情况和以往工作状况确定企业的战略目标，再根据战略目标设计企业的组织架构。组织架构设计包括：完善的组织系统、职责分明且分布合理的各层级协作单位、合理的岗位工作设计及流程、与战略目标相配套的绩效指标。组织架构是根据企业现有管理体系设计人力资源管理解决方案的必不可少的基础与前提条件。企业的人力资源部门负责人力资源组织系统设计流程（见图2-1）。

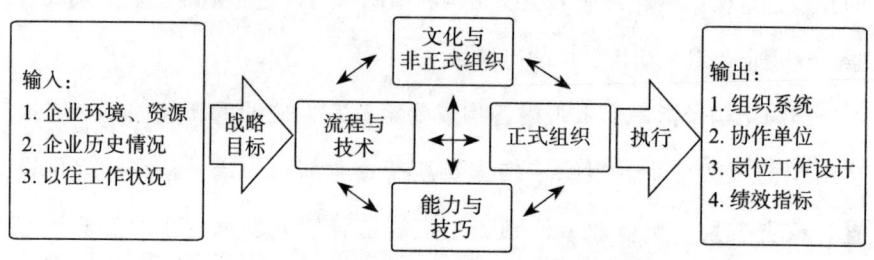

图2-1 人力资源组织系统设计流程

三、组织架构的常见类型

（一）直线型组织架构

直线型组织架构是最简单也是最早出现的集权式组织架构，又称军队式架构，如图2-2所示。

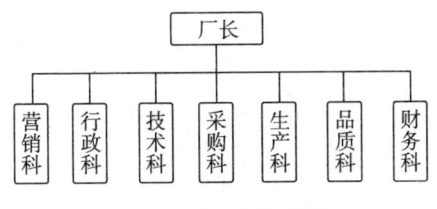

图 2-2 直线型组织架构

1. 适用范围

直线型组织架构是工业发展初期的一种简单的组织架构形式，适用于小型组织或现场作业。

2. 优点

在这种组织中，上下级的权责关系呈直线型，上级在其职责范围内具有直接指挥和决策权，下级必须服从。也就是说，组织中的一切管理工作均由管理者直接指挥和管理，不设专门的职能机构。这种架构形式权责明确、命令统一、决策迅速、反应灵敏，管理机构简单，避免人浮于事。

3. 缺点

权限高度集中，容易形成家长式管理作风，形成独断专行的局面，组织发展受到管理者个人能力的限制，组织成员只注意上下沟通，而忽视了横向联系。

（二）直线职能型组织架构

直线职能型组织架构亦称 U 型组织。该模式在直线型组织架构的基础上，为各职能管理者设置相应的职能机构和人员，如图 2-3 所示。

1. 适用范围

直线职能型组织架构是按职能来进行部门分工的，即从企业高层到基层，均把承担相同职能的管理业务及其人员组合在一起，设置相应的管理

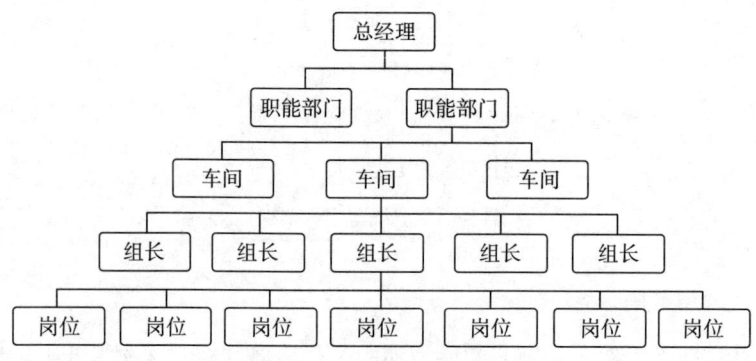

图 2-3 直线职能型组织架构

部门和管理职务,从而提高了管理的专业化程度。它是现代工业中最常见的一种架构形式,在大中型组织中尤为普遍。

2. 优点

直线职能型组织架构以直线型组织为基础,任命相应的部门主管,负责本部门的专业管理;本部门由主管统一指挥,与横向职能部门相互配合。在直线职能型组织架构里,下级机构既受上级部门的管理,又受横向相关部门的业务指导和监督,因而这是一种按经营管理职能划分部门,并由最高管理者直接统筹指挥各职能部门的体制。这种组织架构对于产品单一、销量大,决策信息少的企业非常有效。

3. 缺点

(1)直线职能型组织架构属于典型的集权式架构,权力集中于最高管理层,下级缺乏必要的决策权。

(2)直线职能型组织架构建立在高度的职权分裂基础上,各职能部门是平级部门,相互间横向联系较少,信息交流不畅,工作容易产生脱节和矛盾;部门之间容易产生沟通壁垒,对于需要多部门合作的事项,会产生"踢皮球"现象,难以确定责任的明确归属。

（3）信息传递路线较长，信息反馈较慢，难以适应内外部环境的迅速变化。

（三）事业部型组织架构

事业部型组织架构亦称 M 型组织架构、公司制架构，起源并应用于美国通用电气公司，是为满足企业规模扩大和多样化经营对组织机构的要求而产生的一种组织结构形式，如图 2-4 所示。它按照"集中决策，分散经营"的原则，在总公司下按产品、地区或市场（客户）划分经营单位，成立事业部，把分权管理与独立核算结合在一起。每个事业部都有自己的产品和特定的市场，建立自己的经营管理机构与团队，能够完成某种产品从生产到销售的全部职能。从经营的角度来说，事业部独立核算，自负盈亏，与一般的公司没有什么不同。

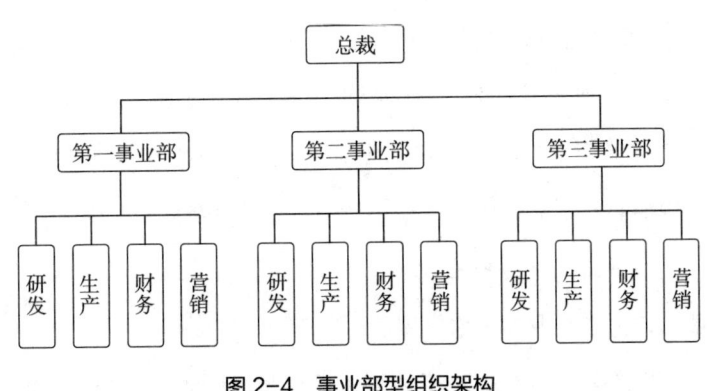

图 2-4　事业部型组织架构

1. 适用范围

事业部型组织架构主要适用于大集团公司，特别是跨国公司，其组织架构是业务导向型，权利架构是分权制，每个单位是半自主的利润中心，管理各事业部的总部负责整个组织的重大投资，并对每个事业部进行监督。

2. 优点

（1）每个事业部都有自己的产品和市场，能够规划其未来发展，快速灵活自主地适应市场出现的新情况，迅速做出对策和反应。

（2）权力下放有利于最高领导层摆脱日常行政事务，从直接管理具体经营工作的繁杂事务中脱身出来，成为坚强有力的决策中心，又能使各事业部发挥经营管理的积极性和创造性，从而提高企业的整体效益。

（3）事业部总经理虽然只负责领导一个比总公司小得多的单位，但由于事业部自成系统，独立经营，相当于一个完整的企业，所以他能经受企业最高管理者面临的各种考验，这显然有利于培养全面管理人才，为企业的发展储备梯队干部和人才。

（4）事业部作为利润中心，有利于建立衡量事业部总经理工作效率的标准，进行严格的考核与评价；有利于评价每种产品对公司总利润的贡献大小，用于指导企业发展的战略决策。

（5）按产品划分事业部，便于组织专业化生产，采用专用设备，形成经济规模，并能使个人的技术和专业知识在生产和销售领域得到最大限度的发挥，因而有利于提高全员劳动生产率和企业经济效益。

（6）各事业部之间经营有比较，利润有竞争，可以增强企业在市场竞争中的活力，促进企业的全面发展。

（7）事业部自主经营，责任明确，使得目标管理和自我控制能有效地进行，在这样的条件下，高层领导的管理幅度便可以适当扩大。

3. 缺点

（1）各事业部利益的独立性，容易滋长本位主义。

（2）各事业部相互独立，职能部门有一定的重叠，在一定程度上增加了费用开支。

（3）对公司总部的管理工作要求较高，否则容易失控。

（四）矩阵型组织架构

矩阵型组织架构又称规划目标组织架构，其有两条权力线：一条是各职能部门经理的垂直权力线，一条是项目部门的水平权力线，如图2-5所示。

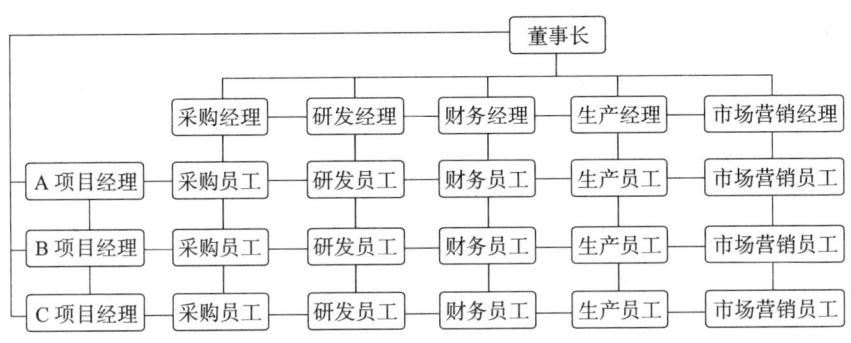

图2-5 矩阵型组织架构

1. 适用范围

矩阵型组织架构由威廉·大内在1981年出版的《Z理论》一书中首次提出，是职能型组织架构与项目型组织架构的混合体。项目组织与职能部门同时存在，既发挥职能部门的纵向优势，又发挥项目组织的横向优势。专业职能部门是长期的，项目组织是临时的，职能部门负责人对参与项目组织的人员有组织调配和业务指导的责任。项目经理将参与项目组织的职能人员有效组织在一起，对项目的结果负责，职能部门经理则负责为项目的成功提供所需资源。矩阵型组织架构既可满足对专业技术的要求，又可满足对每一项任务快速反应的要求。

2. 优点

(1) 有了直接对项目负责的人。

(2) 能够以项目结果为导向。

(3) 有了客户问题处理中心。

(4) 协调工作由项目管理队伍承担。

(5) 能够明确责任。

(6) 资源来自各职能部门，并且这些资源可在各项目中共享。

(7) 专业人员在技术上可相互支持。

(8) 各专业员工在组织上仍归属其职能部门，因此项目结束后，员工"有家可归"。

3. 缺点

组织中信息和权力等资源一旦不能共享，项目经理与职能部门经理势必为争取有限的资源或权力不平衡而发生矛盾。协调处理这些矛盾必然牵扯管理者更多的精力，并付出更多的组织成本。另外，一些项目成员要接受双重领导，这要求他们具备较好的人际沟通能力和平衡协调矛盾的技能。成员之间还可能会存在任务分配不明确、职责不统一的问题，这同样会影响组织效率的发挥。

四、设计组织架构的原则

设计组织架构一般应遵循以下原则：

(1) 使组织内各部门在企业整体经营目标下能充分发挥各自的能力，并达成各自的目标。

(2) 设计组织前需要充分了解企业业务和管理工作内容。

(3) 管理的跨度和层次要适度。

（4）正确处理好管理职能中指挥与参谋的关系。

（5）管理组织中的职、责、权必须对等。

（6）权责明确化。权责或职责不清会使工作发生重复或遗漏，产生推诿扯皮现象，易使员工产生失望、挫折的感觉。

（7）组织简化，有助于内部协调与人力资源分配。

（8）组织要有弹性，既要保持基本的组织架构形态，又能适应各种环境条件的变化。

（9）组织架构要有稳定性。随着企业的成长、市场的变化，逐步调整组织是必要的，但经常对组织、权责、程序进行大范围变更，将使员工无所适从，对员工心理造成不利影响。

五、组织分工与协调的方式

组织设计通常包括两方面的任务：一是把组织中要完成的任务划分为具体的工作，由不同的职位、部门来承担，称为"分工"；二是在分工的基础上实现各职位、部门的动作协调，此即"协作"。组织需做好分工协调的整合工作，具体有以下五种方法。

（一）组织等级分工的工作监督

组织等级分工的工作监督，即通过一级管一级、下级服从上级、民主与集中的方式保证有关工作的顺利开展。

（二）实施标准化的工作程序

随着组织规模的扩大，单纯依靠上下级分工实施监督管理进行协调会越来越难，此时组织可以实施标准化工作程序，采用灵活的形式成立项目小组，指定项目负责人，并制订详细的实施计划和奖惩规则，通过这些制度措施确保项目的实施和目标的达成。

（三）实施目标管理

工作过程标准化适用于那些简单、可重复的工作，对于复杂和不可重复的工作，其工作过程不易识别或者不易分解，也就无法规定标准化的工作程序。这时，组织可将着眼点从过程控制转变为结果控制，通过目标管理实现分工协调。

（四）实施岗位技能标准化运作

工作目标的达成，需要不同岗位的人分工协作，共同完成。这就要求对每个岗位人员的知识、能力、经验、素质等方面制定具体的标准。岗位技能标准化是作业过程标准化对岗位应聘者提出的技能要求，各岗位人员在培训考核合格后持证上岗，是实现组织有效管理的必要条件。

（五）设置专门的整合人员或机构

在涉及多个职能与产品业务时，经常需要设置专门的人员或机构来承担整合工作，指定或任命项目经理、产品经理、品牌经理、区域客户经理，或企业内部的营销总监、采购总监、技术总监、品质总监等。

六、工作流程分析方法

工作流程是组织各项工作以达到企业的生产与服务目标的过程。进行工作流程分析，可以帮助人力资源规划者了解企业内部是如何根据客户需求进行增值服务并开展生产活动的。工作流程分析的具体内容如图2–6所示。

工作流程分析	战略具体化 →	流程定义 →	流程审阅 →	岗位分析
任务	·理解并将高层管理者的理念与战略联系起来 ·确定流程设计的主要原则	·确定流程模型 ·确定需要重新设计的流程	·对现有的流程进行评估 ·确认审阅后的流程，并提出改进建议	·进行岗位分析，包括岗位设置、岗位描述、岗位评估、岗位分级等
主要成果	·流程设计的主要规则	·流程模型和需要重新设计的目标流程	·流程审阅后的改进建议	·岗位分析体系

图 2-6　工作流程分析

（一）流程的定义

流程是一组将输入转化为输出的相互关联或相互作用的活动，它具有输入、转化和输出的具体内容。输入是流程的依据和要求，是实施转化的基础和前提；转化是由有资格的人员以充分适宜的资源为基础所开展的活动；输出是流程所要实现的目标和结果。当"流程"特指一个作业流程时，我们常称之为"工序"。流程是质量管理体系的基础，组织的质量管理体系就是通过对各个流程实施有效的管理来实现的。具体如图 2-7、图 2-8 所示。

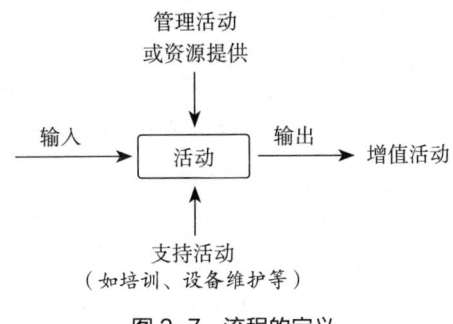

图 2-7　流程的定义

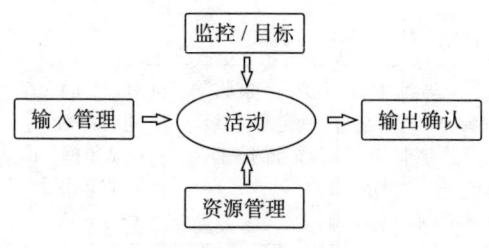

图 2-8 流程模型

（二）流程的特点

流程有这么几个特点：

（1）流程包含三要素：输入、输出和活动。

（2）组织内的流程通常是经过策划并在受控条件下运行的。

（3）流程应是增值的，不增值的流程对组织没有意义。

（4）通常一个流程的输出就是另一个流程的输入，流程之间相互联系，进而形成一个复杂的流程网络。

（5）PDCA 循环适用于所有流程。

（三）流程方法

系统地识别和管理组织所采用的流程，以及这些流程之间的相互作用和管理，被称为"流程方法"。

理解及实施流程方法的要点在于：

（1）要系统地识别并管理众多关联的流程。

（2）要明确流程的顺序、接口、关系及相互作用，确保客户的要求被准确输入。

（3）在各流程中应用 PDCA 循环并管理这些流程。

综上所述，流程方法就是将活动和相关资源作为纳入同一流程进行管理的方法，即对过程的管理。实施流程管理的目的就是使流程得到连续的控制，进而实现持续改进的动态循环，使组织的总体业绩得到显著的提高，最终得到让客户满意的结果（见图2-9）。

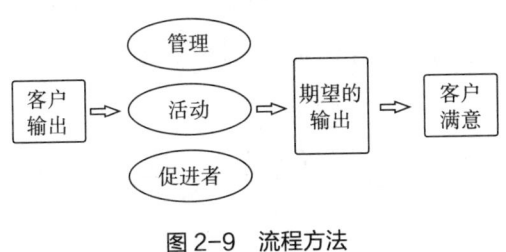

图2-9　流程方法

可以说，流程方法是贯穿质量管理体系全过程的一条主线，采用流程方法，按ISO标准建立质量管理体系，可以使组织更高效地得到期望的结果。理解和实施流程方法，对贯标认证、标准转换的顺利开展具有十分重大的意义。

第二节　组织管控流程化的操作指南

一、质量管理七项原则

原则1：以客户为关注焦点。质量管理的主要关注点是满足客户的要求并努力超越客户的期望。

原则2：发挥管理者的作用。各层级管理者要建立统一的宗旨及方向，创造并保持使员工能够充分参与实现目标过程的内部环境。

原则3：全员参与。组织内各级人员的胜任力参与度，是提高组织创造价值和提供价值能力的必要条件。

原则4：使用流程方法。当活动被作为相互关联的功能，被连贯为流程并接受系统管理时，可更加有效地得到预期结果。

原则5：不断改进。成功的组织总是致力于持续地改进。

原则6：循证决策。基于数据和信息的分析与评价的决策更有可能产生期望的结果。

原则7：关系管理。为了持续成功，组织需要管理与各相关方的关系。

二、流程化管理层级模型

流程化管理层级模型如图2-10所示，本节之后的内容及第三节的部分内容，将对该模型做详细说明。

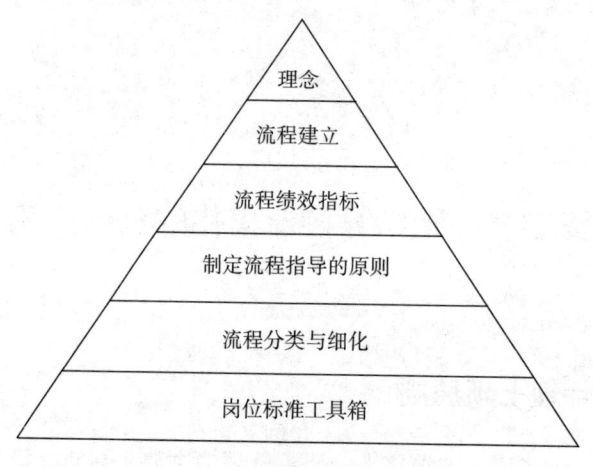

图2-10 流程化管理层级模型

三、流程化管理理念

质量管理七项原则中把"以客户为关注焦点"放在第一位，说明了满足客户要求对企业生产和发展的重要性。

企业要以市场和客户需求为业务导向，以流程方法为主导，以流程为导向来设计组织框架，以流程化管理实施企业生产，同时进行业务流程的不断再造和创新，以保持企业的活力，满足市场和客户的要求。

流程化管理是管理大师迈克尔·哈默1990年在流程再造的基础上提出并发展而来的。流程化管理是指以流程为主线的管理方法，在哈默提出的流程再造中，流程有两个关键要素：一个是客户，一个是企业整体。

对客户来说，流程是一家企业管理的主线。客户并不清楚或并不十分关心企业的组织架构及其对日常事务的管理，客户只关注企业生产的产品和提供的服务，而所有的产品和服务都是在流程中产生的。因此流程化管理要求企业满足客户要求，以市场需求为出发点，来制定企业的管理模式，以流程导向式的扁平化组织取代金字塔型的阶层组织，以追求企业组织的简单和高效。

（一）流程化管理文件的特点

要让流程化管理的文件创造价值，必须具备三个特点：符合性、一致性、操作性。即：文件要与企业的流程化理念相符合，文件的制定要与管理的要求相一致，文件的要点要切实可行。

（二）流程化管理以结果为导向

（1）实施流程化管理，让企业不再担心员工流失，不再担心新员工无法快速上岗。

（2）实施流程化管理，让企业不再担心培训走过场。

（3）实施流程化管理，将技术演变为管理，将管理分解为模块，每一个模块都将被考核，让企业不再担心流程无法落地。

（4）实施流程化管理，营造一个系统，赢在一个系统，将系统常态化，做到可复制、可推广，让企业不再担心客户验厂与认证审核的应对。

（三）企业在流程管理中的常见问题

1. 问题一：重部门轻流程

企业把部门作为管理对象，不太关注流程制定得是否合理。比如在工作中经常遇到这样的问题——领导对你说："你这个部门怎么那么多问题？你是怎么管的?！"就连同事间打招呼也这样问："你是哪个部门的？"很少有人问："你是做哪个工序的？你负责什么具体工作？"

2. 问题二：重流程轻部门

企业把流程作为关注和管理的对象，根据不同的工序制定不同的目标及目标改进的措施，由职责部门跟进改进措施的执行情况，不太关注部门的合理设置，往往出现一个部门处理多种问题或一人身兼多职的现象。

（四）流程的性质

设定流程的最终目的是满足客户要求（见图2-11），流程有这么几个性质。

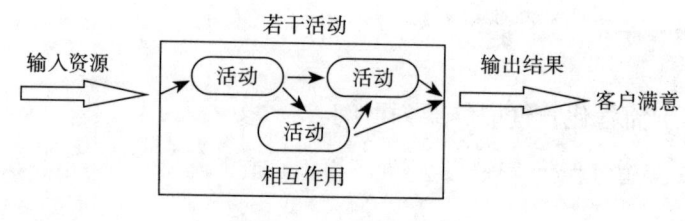

图 2-11　让客户满意

1. 目标性

流程有明确的输出目标或任务，目标可以是为客户提供一次满意的服务，也可以是流程改进后把产品合格率提高了多少个点。

2. 内在性

对流程的管理，可以成立改善小组，统计输入了多少资源、输出了什么结果，跟踪中间的改善活动是怎样开展的，评估流程改造创造了多少价值。

3. 整体性

一个流程至少由两个以上活动（工序）组成，才能进行正常的流转。

4. 动态性

流程从一个活动开始到另一个活动结束，是按照一定的流转顺序展开的，它不是一个静态的概念。

5. 层次性

组成流程的活动本身也可以是一个流程，流程中的若干活动可以看作大流程中的"子流程"，可以继续分解成若干活动内容。

6. 结构性

流程的结构可以有多种表现形式，流程之间可形成串联、并联等关系，如图 2-12 所示。

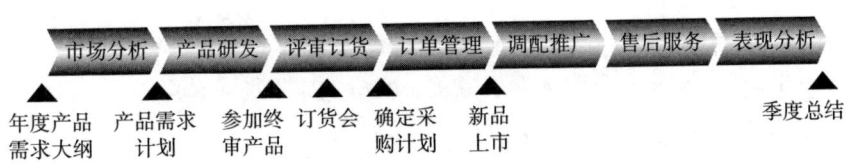

图 2-12　某品牌企业的流程

四、客户端到企业端流程的建立

"客户端"指企业外部的输入点或输出点，包括客户、市场、政府或机构，以及企业的利益相关方等。

"客户端到企业端流程"指以客户、市场、政府或机构及企业利益相关方为输入或输出点，企业一系列连贯、有序的业务、生产、服务活动的组合，如图2-13所示。

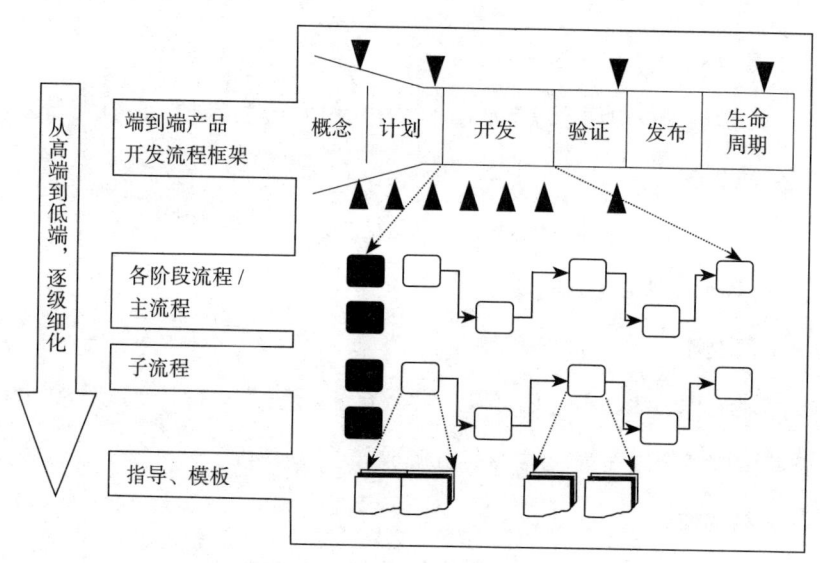

图2-13 客户端到企业端流程

（一）具体步骤

（1）建立客户业务驱动开发流程，及时响应市场或客户需求，建立跨部门协同订单评审产品开发流程，缩短开发周期。

（2）明确各流程及关键活动的输入与输出，合理设置流程评审节点，对开发过程进行监控，以保证产品设计开发的质量。

（3）规范开发过程，融入过往经验教训，避免犯同样的错误，促使研发过程能力成熟度不断提高。

（4）建立研发经验教训资料库，申报企业专利，积累企业的"智力资产"，如图2-14所示。

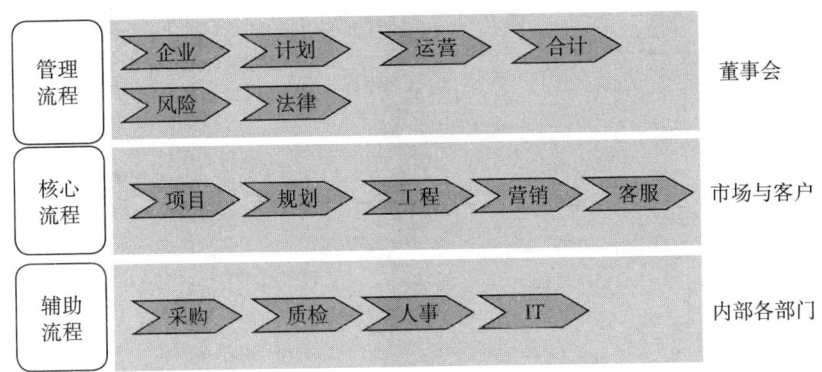

图2-14　智力资产建立流程

流程建立的具体示例如图2-15所示。

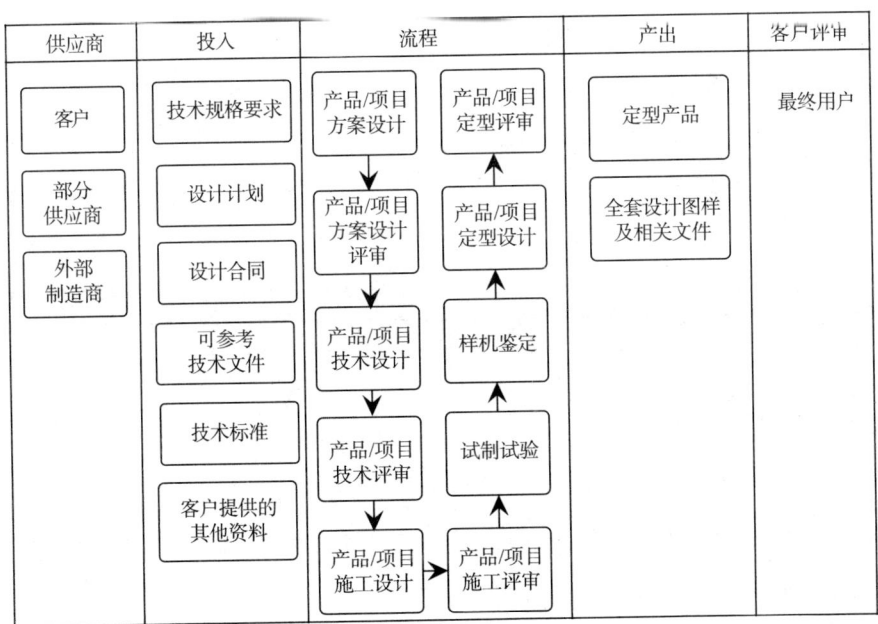

图2-15　设计开发流程样板

（二）企业流程管理清单

企业流程管理清单如表 2-1 所示。

表 2-1　流程管理清单

责任部门	流程名称	流程环节	对应流程文件
销售部	合同评审	接单评审	合同评审管理程序
销售部	合同评审	订单更改	合同评审管理程序
销售部	订单交付管理	客户订单交货	订单交付管理程序
销售部	订单交付管理	内部订单交货	订单交付管理程序
客户服务部	退货品处理	退货品接受	退货品处理控制程序
客户服务部	退货品处理	退货品解析	退货品处理控制程序
客户服务部	退货品处理	退货品报废	退货品处理控制程序
客户服务部	退货品处理	退货品分析结果传递	退货品处理控制程序
客户服务部	客户服务	安装技术指导	客户服务管理程序
客户服务部	客户服务	新版本发布	客户服务管理程序
客户服务部	客户服务	零配件、宣传单信息发布	客户服务管理程序
客户服务部	客户抱怨处理	客户抱怨处理	客户抱怨处理程序
客户服务部	客户满意度调查	客户满意度调查	客户满意度监测程序

五、流程绩效指标

（一）流程绩效评价原则

从客户端和内外部利益相关方几个方面综合衡量，能实现增值的就是好的流程，这也是评价流程管控优劣的基本原则。

（二）流程绩效评价表

流程绩效的评价表如表 2-2 所示。

表 2-2　流程绩效评价表

序号	活动描述	活动类型						时间	操作者
		增值活动	非增值活动	检查	传递	耽误	贮存		

（三）流程的识别

要把流程的编号、流程名称（含子流程）、流程输入、流程输出、所用资源、责任部门、责任人、客户期望、流程检测方法录入流程识别表（见表 2-3）中。

（四）乌龟图在流程管理中的应用

为了保证流程有效运行和管控，组织应确定所需的准则及方法，这些准则和方法形成的文件就是组织或企业的管理文件体系。在体系建设初期，企业必须建立管理文件体系，以保证产品质量达标，实现预期的管理目标。要建立这些管理文件，企业必须首先开展系统的流程分析活动。国际汽车工作组（International Automotive Task Force，IATF）推荐了一种单一流程

表 2-3 流程识别表

流程编号	流程名称/子流程	流程输入	流程输出	资源	责任部门	责任人	客户期望	绩效指标设定	流程检测方法 监督机制计算方法	流程控制文件
C1	客户需求识别及报价	1. 客户图纸文件 2. 客户要求 3. 客户样品 4. 询价数据 5. 订单数量 6. 货款结算方式 7. 产品安全要求	1. 可接受及取得订单的价格 2. 产品利润及降价计划 3. 满足内部要求和客户要求 4. 客户特殊要求矩阵 5. 令客户满意的订单评审记录 6. 报价单 7. 法律法规清单	电话、传真、计算机、打印机	市场部	市场经理	报价及时	报价完成及时率	报价完成及时率 = 报价及时次数 ÷ 需要报价次数	1. 报价管理程序 2. 客户特殊要求控制程序 3. 产品安全性控制程序
C2	订单评审	1. 国际/国家标准,适用法律和法规要求、行业标准 2. 客户文件资料 3. 产品数量及纳期要求 4. 生产能力、现状 5. 客户限禁物质要求 6. 客户特别要求 7. 客户协议、合同	1. 客户特殊要求清单及矩阵 2. 准确向企业相关人员传递客户对产品的要求点 3. 准确、快速向客户回馈对合同的评审表 4. 交货计划	电话、传真、计算机、打印机	市场部	市场经理	订单及时评审	订单评审及时率	订单评审及时率 = 订单评审次数 ÷ 订单总个数 × 100%	1. 订单评审管理程序 2. 特殊特性识别与管理程序

分析图，该图因形似乌龟而被称为"乌龟图"（见图2-16）。

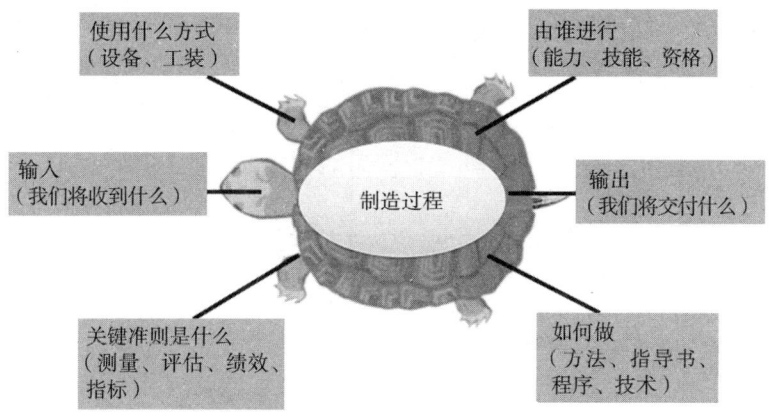

图2-16　乌龟图

乌龟图是用来分析流程的一种工具，它通过图示语言来表示被识别流程的六个关键问题：输入、输出、使用资源（工作方式）、负责人、如何做及评价准则（指标）。比如，产品生产流程的乌龟图如图2-17所示。

（五）流程管控要点

流程管控要注意如下要点：

（1）面向输出端。

（2）有明确的评价。

（3）结构清晰，简洁易懂。

（4）有明确的起点、终点。

（5）培训到位，消除歧义，流程中每一个人都对流程有一致的理解。

（6）记录以往的经验教训，传承以往的管理经验。

（7）通过不断的检查反馈持续优化流程。

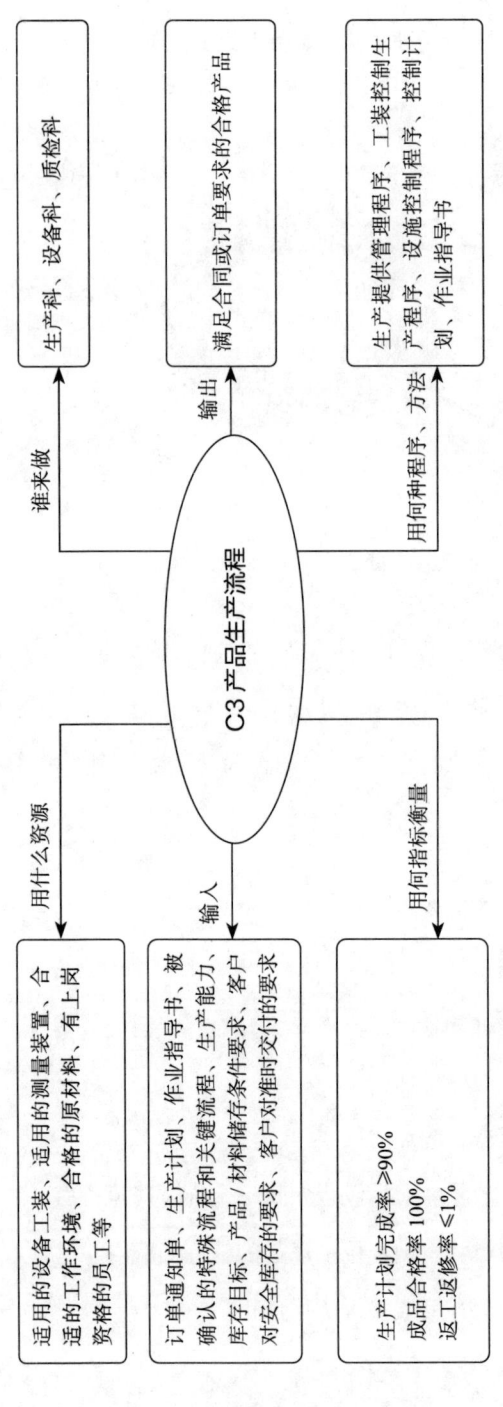

图 2-17 产品生产流程乌龟图

六、制定流程指导的原则

制定流程指导要遵循以下原则：

（1）不把新产品作为当年销售的增长点。

（2）建立一套以客户价值为导向的管理流程。

（3）在开始市场营销前进行市场分析，科学预测销售额。

（4）建立一个独立的新产品开发小组，并得到高层的充分授权。

（5）导入项目管理机制。

（6）在新产品推向市场前进行小规模市场测试。

（7）使用量化的分析支持工具。

（8）在产品推向市场准备期，发现不可解决的问题时，果断终止项目。

七、流程分类与细化

（一）流程分类

流程分三大类：企业战略流程、核心业务流程和管理支持流程。

（二）流程细化分级

一级流程：企业战略流程、客户端到企业端流程（战略方针——手册）。

二级流程：部门主导（程序文件）。

三级流程：作业级别（指导书类）。

四级流程：作业过程中使用的模板和工具（工具、表单等）。

（三）流程细化分级的益处

流程细化分级的益处在于：

（1）可以看清企业是如何创造价值的。

（2）给企业提供一次重新对自己进行整体观察的机会，重新梳理以客户为导向的业务链，突出以客户为导向的重要性。

（3）给企业提供一次发现业务盲点的机会。

（4）帮助企业完成对组织架构的重新梳理，做好岗位定岗定编、岗位职责界定、岗位人员名单确定等工作，从而把岗位职责与流程节点对应起来，在流程管理中做好绩效管理。

（5）让企业内部人员统一认识问题、分析问题的思维结构，建立一致的工作语言。

（6）提供不同企业间流程借鉴相互交流学习的可能性。

（四）流程梳理与核心流程优化

在企业的运营过程中，总会存在人员或部门不遵守企业制定的标准、流程、规范，从而给企业造成重大损失的现象。为避免这一现象发生，就要规范企业的管理流程、操作规程，对企业的业务流程进行梳理及整改，最终形成企业的标准化流程。同时，对整改后的业务流程进行监控，监测实际运作过程与标准化流程的符合情况，并根据监控系统的分析结果，对现有流程进行持续不断的优化与改进。具体可参考图2-18、图2-19、图2-20。

流程的梳理应遵循以下原则：

（1）以客户为导向：按照客户的类别、产品种类划分流程。

（2）标准化：建立标准化客户分群、产品种类和服务标准，采用标准化流程描述工具和方法。

（3）协同性：让不同利益相关方不同程度地参与流程的梳理。

0	1. 流程分类	2. 流程清单	3. 流程描述	4. 核心流程界定	5. 核心流程优化	6. 流程管理体系的建立
通过访谈、调研，明晰企业战略和业务模式，以及组织结构、IT管理现状等，了解流程现状及存在的主要问题	对营销体系流程进行分类： • 全业模型 • 业务模型 • 业务流程	建立流程清单，即分级分类后的流程清单	确定描述规范，对现状流程进行描述和分析： • 流程总图 • 详细流程图	根据流程现状分析及业务模式将发生的变化，识别和界定与IT支撑密切相关的核心流程	按照流程优化的方法论，界定优化核心流程	• 关键流程责任矩阵 • 流程管理制度建立

图 2-18　流程梳理与优化

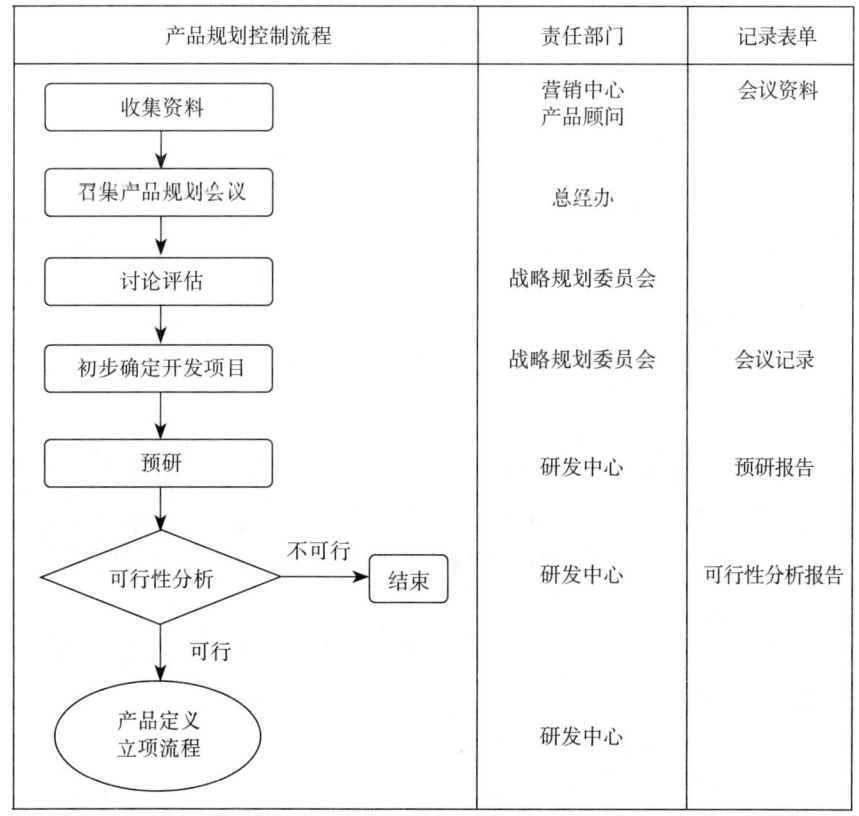

图 2-19　产品规划流程图参考

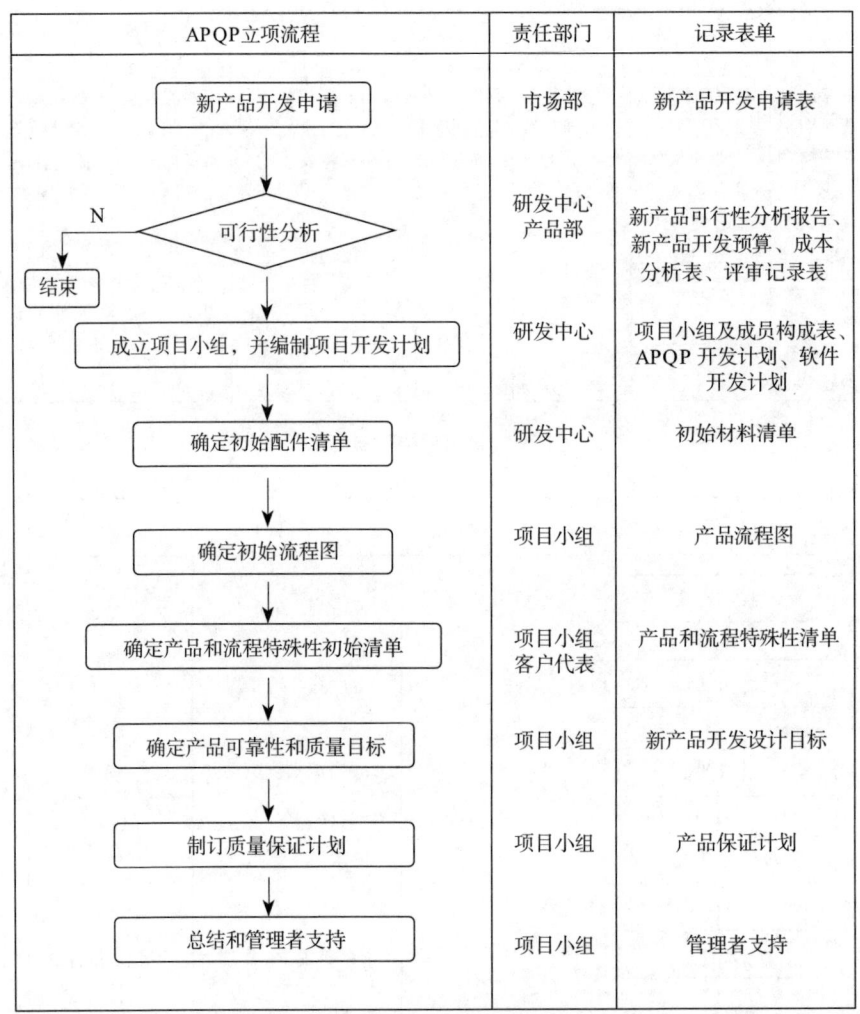

图 2-20 APQP 立项流程图参考

（4）集成化：站在客户的角度，通过统一标准描述各个流程，明确各个流程之间的接口关系。

（五）梳理流程的 ESIA 法

梳理流程的 ESIA 法分四个步骤，分别是清除、简化、整合、自动化，如图 2-21 所示。

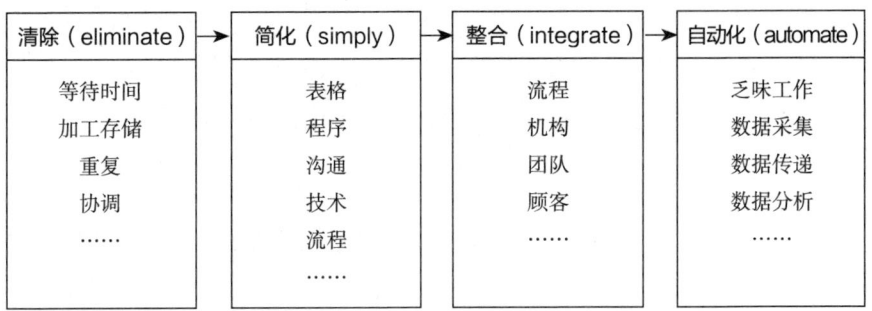

图 2-21　ESIA 方法

1. 清除

对组织内现有流程中非必要的非增值活动予以清除，如过量产出、活动与活动之间的等待、不必要的运输、重复加工、过量库存、缺陷与失误、重复活动、反复检验等。

2. 简化

在尽可能清除了非必要的非增值活动之后，对剩下的活动仍需进一步简化，一般可考虑从表单记录、作业程序、沟通、物流运输等方面进行简化。

3. 整合

对分解的流程进行整合，使之顺畅、连贯，更好地满足客户需求，可从组织、流程、外部等三个方面综合考虑，进行整合。

组织整合是按流程任务进行逻辑上的延伸，即组建跨层级、跨职能部门的流程作业团队。这样能使物料、信息和文件的"旅行"距离最短，从而改善同一流程上工作的人与人之间的沟通。

流程整合是对经过简化的作业进行跨职能部门的一体化改造，达到整个流程形成一个协调和高效的有机整体的目的。

外部整合分为与供应商的整合和客户的整合，具体内容包括整合企业和客户的关系，消除企业和供应商之间不必要的烦琐手续，建立相互信任和相互协作的伙伴关系，整合双方的流程，以实现互利共赢。

4. 自动化

在清除、简化、整合的基础上，实现作业流程数据采集的自动化，需要重点考虑如下活动：脏活、累活与乏味的工作，数据的采集、传输与分析等。数据分析采用智能化采集与自动化处理，这是企业信息化的必然结果。

第三节 组织管控流程化的岗位分析

一、岗位

（一）什么是岗位

岗位是组织的基本单位，岗位概念基于组织而非个人，为组织的目标和价值而存在，是个人和工作之间的纽带。

（二）岗位标准工具箱

1. 岗位操作手册

企业把某个岗位的最佳操作要点、某个流程节点上的工作要点和方法制定为"岗位操作手册"，以便于工作经验的传承，并避免企业被某一岗位的人员牵制（很多企业会出现某一岗位负责人一走，工作瘫痪的现象）。

各部门负责人要主导本部门岗位操作手册的制定，部门负责人要把不确定的事情确定化，在变化中找到不变的法则。

2. 检查清单

制定各岗位专用的检查清单，各部门负责人按清单检查各岗位职能的发挥和绩效达成情况。清单可保证部门负责人在检查这些工作时保持客观，避免主观和武断。

3. 经验交流会

企业要组织改善提案评审及经验分享会议，通过定期或不定期的经验交流，一方面，让优秀的团队将一些成功改善方案在企业或部门层级进行交流共享，以提高企业的整体管理水平；另一方面，从失败案例中总结经验教训，并引以为戒，杜绝相同事件再次发生。

4. 紧急事项处理机制

通过建立快速响应的机制和沟通渠道，将经验教训、突发事项的处理在整个组织内部进行快速传递。

5. 信息快报

信息快报是一个快速、有效的在组织内部传播即时信息、高价值知识的工具，通常以固定的形式发出简报（企业简讯当天发出，知识类信息每周更新），通过企业网站、微信公众号、OA系统、电子邮件等方式实现，进而促进企业文化的形成与发展。

二、特色岗位技术分析

（一）什么是岗位分析

岗位分析也称职位分析，指的是系统地收集与岗位有关的信息，包括任职条件、工作职责、工作环境、工作强度等。岗位分析是了解岗位整体状况，并对其做正确、完整的描述或说明的一项工作，以便为人力资源管理活动提供有关岗位方面的信息，是人力资源管理的基础性活动。

（二）岗位分析的工作重点

随着现代管理理论的发展，组织设计与企业管理呈现下列趋势：第一，企业的组织架构由多层级向扁平化转变；第二，工作流程由固定向"高灵活度、跨职能部门"转变；第三，岗位设计由"任务导向"（task-based）向"流程导向"（process-based）转变。

因此，岗位分析的工作重点应该是：

（1）识别岗位具体要求（技能、资质、知识等）。

（2）识别岗位的工作方式（团队工作、个人工作）。

（3）由描述岗位向描述角色转变。

（三）岗位分析的作用

理解了企业战略、组织架构、工作流程后，就可以做岗位分析了。岗位分析是帮助管理层、员工与人力资源规划者确定岗位职责、岗位要求等基本岗位信息的过程。

岗位分析是一个收集岗位信息的过程，有助于员工在组织内部宏观环境中了解岗位的具体信息，从而理解岗位职责，明确这个岗位应该做什么工作，以便更好地开展工作。

对于人力资源管理者而言，岗位分析可以提供岗位的基础性信息，为人力资源规划提供依据。

特色岗位技术分析，突出了企业人力资源部门的核心作用，要求企业人力资源部门发挥专业技能，组建企业人力资源管理系统，运用适合企业发展的现代管理理论和工具，做好企业岗位分析，设计精简、合理高效的组织架构，为企业发展服务。

岗位分析的具体作用如图 2-22 所示。

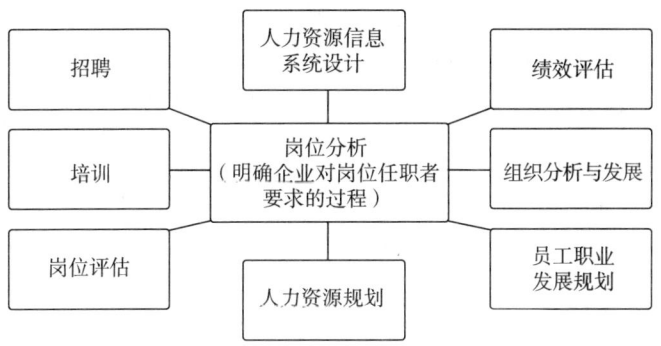

图 2-22 岗位分析的作用

（四）岗位分析八要素（7W1H）分析法

1. who

明确谁从事此项工作，责任人是谁。该要素对人员的学历及文化程度、专业知识与技能、经验，以及职业化素质等提出要求。

2. what

明确员工要完成的工作任务当中，哪些是属于体力劳动的范畴，哪些又是属于脑力劳动的范畴。

3. who

明确为谁做，即客户是谁。这里的客户不仅指外部的客户，也可以是企业内部的员工，即与从事该工作有直接关系的人：直接上级、下级、同事和外部客户等。

4. why

明确为什么做，即工作对该岗位工作者的意义和价值体现。

5. when

明确工作任务要求在什么时间完成。

6. where

明确工作的地点、环境等。

7. what qualifications

明确从事这项工作应该具备的资质条件。

8. how

明确如何从事此项工作，即工作程序、规范及从事该工作所需要的权利。

（五）岗位分析的流程

岗位分析的流程包括准备阶段、设计阶段、分析阶段和运用反馈阶段。对岗位进行分析，目的在于确定组织设定中每个岗位的岗位描述、岗位规范和岗位说明书，如图2-23所示。

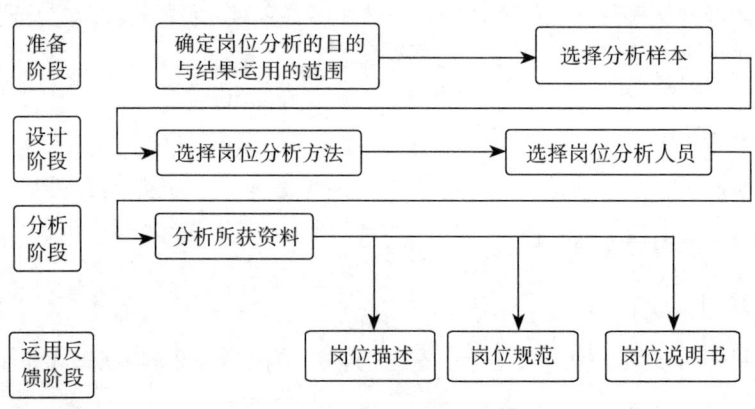

图 2-23　岗位分析流程图

1. **准备阶段**

准备阶段是岗位分析的第一阶段，主要任务是了解情况，确定样本，建立关系，具体工作如下：

（1）明确岗位分析的意义、目的、方法、步骤。

（2）向有关人员宣传、解释。

（3）与和岗位分析有关工作的员工建立良好的人际关系，并使他们做好心理准备。

（4）确定调查和分析对象的样本，同时考虑样本的代表性。

（5）把各项工作分解成若干工作元素和环节，确定工作的基本难度。

（6）确定工作岗位。

要收集和研究有关部门的一般情况，确定每一工作岗位在组织机构中的位置。为此，分析人员通常从组织架构和工作流程图入手，调查工作流程图可以帮助分析人员了解工作过程。需要提醒的是，依靠工作流程图或组织架构图确定工作岗位之间的职能关系和明确各项任务的目的，所得的信息可能是不完全的，因而还需要有其他一些资料做补充。补充资料包括工作说明书、操作和培训手册、其他有关规则或领导的要求等。

岗位分析中的基准岗位确定示例如表2-4所示。

表2-4 岗位分析中的基准岗位

编号	部门	科	班组	岗位	岗位名称	任职者
1	人力资源部				人力资源经理	
2		工资科			工资科科长	
3		培训科			培训专员	
4		人事科			人事专员	
5	生产部				生产部经理	
6					经理助理	

（续表）

编号	部门	科	班组	岗位	岗位名称	任职者
7					文员	
8		工艺科			工艺科科长	
9					PE工程师	
10		工装科			工装科科长	
11					工装技师	
12		物料科			物料科科长	
13					物料员	
14		设备科			设备科科长	
15			设备维修组		设备维修组长	
16					设备维修技师	
17		生产计划科			生产计划科科长	
18					计划专员	
19		生产科			生产科科长	
20			流水线1		拉长	
21				装配工位	装配工	
22		成本控制科			成本控制科科长	
23					统计文员	
24		生产安全科			生产安全专员	

2. 设计阶段

（1）制订计划。

可列出岗位分析计划表（见表2-5），并按计划实施岗位分析。

表 2-5 岗位分析计划表

序号	阶段	主要工作	时间安排
1	准备工作	现有资料收集与分析	三天
2		确定需补充的资料	
3		选择使用工具	
4		排定实施日程	
5	实施前期	召开部门会议	半天
6		公布日程、发放工作日志或问卷	
7		告知填写方法	
8	实施中期	记录日志与现场观察	一周
9		整理日志、观察记录	
10		基层访谈和中层访谈	
11	实施后期	资料整理、分析	两天
12		针对结果与该分析岗位的上一级管理人员进行沟通和补充	
13		据分析结果确定是否再次收集	
14		修改定稿	
15	改进试点完成情况	修改、补充工作量分析程序及实施办法	一天

可制订岗位分析工作整体计划（见表 2-6），并按计划进行岗位分析。

（2）组建岗位分析小组。

在进行岗位分析时，以精简、高级为原则，组建岗位分析专家组，其成员一般应符合如下任职条件。

① 必须能够客观地看问题，保证岗位分析过程中资料收集的真实性和有效性。

表 2-6 岗位分析工作整体计划

阶段	具体事项	时间（根据企业具体状况灵活制订）
阶段一：准备阶段	收集岗位分析的相关资料，进行初步研究	■
	选定参与分析的基准岗位	■
	设计调研用的工具	■
阶段二：实施阶段	召开岗位分析项目启动会，进行宣传动员	■
	岗位分析相关工作人员的培训	■
	制订具体的调研计划	■
	实施访谈和现场观察	■
	发放岗位说明书填写问卷	■
	对×××部门首先开展岗位分析，并撰写该部门的岗位分析工作总结	■
阶段三：结果整合阶段	对收集来的信息进行整理	■
	与有关人员确认信息，并做适当调整、筛选、整合	■
	编写岗位说明书	■

② 应对整个企业的所有岗位有较为全面的了解。

③ 在企业员工中应有一定的影响力，能够调动员工的积极性。

④ 应具有一定的岗位分析知识和相关工作经验，掌握人力资源管理和心理学相关理论，对岗位分析的技术和程序比较了解，沟通能力强。

⑤ 应掌握观察、面谈、记录等技巧，具备较强的文字表达能力。

⑥ 具有良好的记忆力、理解力和分析能力。

⑦ 应有获得他人信赖与合作的能力。

3. 分析阶段

准备工作做好之后，就可以开始具体的分析工作了。分析阶段包括两步：一是调查，二是分析。

（1）调查：对整个工作过程、工作环境、工作内容和工作人员等主要方面做全面的调查。具体工作如下：

① 编制各种调查问卷和提纲。

② 灵活运用各种调查方法，如问卷调查法、访谈法、观察法、关键事项法、在职体验法等。

③ 广泛收集有关工作的特征及需要的各种数据。

④ 重点收集工作人员必需的特征信息。

⑤ 要求被调查的员工对各种工作特征和工作人员特征的重要性和发生频率等做出等级评定。

（2）分析：对有关工作特征和工作人员特征的调查结果进行深入全面的分析。具体工作如下：

① 仔细审核收集到的各种信息。

② 创造性地分析、发现有关工作和工作人员的核心关键要素。

③ 归纳、总结出工作分析的必需材料和要素。

4. 运用反馈阶段

运用反馈阶段是岗位分析的最后阶段,做好前三个阶段的工作是达到此阶段目标的前提条件,此阶段的任务就是根据规范和信息编制"工作描述"和"工作说明书"。

综上,岗位分析的主要步骤及工作如表2-7所示。

表2-7 岗位分析步骤表

序号	主要步骤	关键环节	备注
1	确定岗位分析的目的和适用范围	对现有岗位分层分类	
2	选择被分析的工作	选择信息来源	
		选择使用者	
		选择适用的方法和系统	
3	分配进行岗位分析活动的责任和权限	控制方面	
		管理方面	
		设计方面	
		收集、分析方面	
		结果表达方面	
		运用方面	
4	收集、分析、综合工作	执行标准	
		报酬因素	
		工作内容	

三、岗位分析五大方法

(一)问卷调查法

问卷调查法是企业根据岗位分析的目的、内容等,事先设计一套岗位调查问卷,由被调查人填写,再将所得信息进行汇总,从中找出有代表性的回答,形成对岗位分析的描述信息。问卷调查的关键是调查问卷的设计,调查问卷有开放型和封闭型两种形式。封闭型是指调查人事先设计好答案选项,由被调查人选择确认的问卷形式(见表2-8);开放型是指由被调查人根据问题自由回答的问卷形式(见表2-9)。

表2-8 岗位工作信息收集表

姓名: 性别: 年龄:	车间: 班组: 班次形式:	现任岗位: 同岗人数: 岗位工资:	工龄: 岗位工龄: 公司工龄:
职称:	学历:	专业:	直接上级岗位:
主要作业项目	作业内容	该项作业时间	次/每天(周、月、季、年),即每天几次或每周、月、季、年几次
1.			
2.			
3.			
4.			
5.			
6.			
你认为哪些工作原不属于本岗位职责范围,自己却在做:			
以下条目,可以从左列内容中进行选择,如果内容与实际情况不一致,可在右列进行描述			
工作监督责任	1. 上级对工作内容、程序、方法、期限等提出具体要求,只对自己负责,遇到问题时需要及时向上级请示 2. 只对自己负责,有自主完成本岗位工作的权利 3. 除完成自己的工作任务外,还须对本岗位其他员工负责指导 4. 对本岗位其他员工有分配工作,监督指导、考核的责任 5. 指导几个岗位的工作 6. 指导、协调、分配几个岗位的工作 7. 指导、协调、分配、检查几个岗位的工作,有自行决定权		

（续表）

技术知识要求	1. 具备一般生产知识即可胜任 2. 需初中文化程度，并有一定经验 3. 需初中文化程度、高级工水平才能胜任 4. 需高中文化程度、高级工水平，并有一定经验 5. 需高中文化程度、高级工水平，并受过专门技术培训 6. 中专水平，需掌握一定的专业基础理论、原理和方法，需要处理一些简单的技术问题 7. 大专或以上水平，需要掌握一定的专业基础理论、原理和方法，能解决本专业内较为复杂的问题	
操作复杂程度	1. 只需简单训练即可上岗 2. 比较简单的手工操作，需1~3个月实践即可胜任 3. 较复杂的手工操作或简单机械与手工同时操作，需3~6个月的工作经验 4. 全自动操作 5. 较复杂的机械与手工同时操作	
所使用工具、设备复杂程度（请在右列填写工具或设备名称）	1. 不使用工具 2. 简单的工具 3. 简单的设备 4. 较复杂的工具、一定的技术经验 5. 较复杂的设备、一定的技术经验 6. 较精密复杂的设备、较高的技术经验 7. 精密复杂的设备、高的技术经验	
质量责任	1. 无特殊质量控制要求 2. 质量要求一般，质量控制难度一般 3. 质量要求严格，质量控制难度一般 4. 质量要求严格，质量控制难度较大	
处理预防事故复杂程度	1. 基本无事故出现 2. 掌握一些基本知识即可，预防处理难度小 3. 可以预防，事故发生率小，需一定的实践经验，处理难度大 4. 可以预防，事故发生率大，需一定的实践经验，处理难度大 5. 难预防，事故发生率小，需较多的实践经验和多方面的知识，处理难度大 6. 难预防，事故发生率大，需一定的实践经验和知识，处理难度大 7. 难预防，事故发生率大，需较多实践经验和多方面的知识，处理难度大	

（续表）

工作的重复性	1. 完成本职工作的方法和步骤完全相同 2. 完成本职工作的方法和步骤大部分相同 3. 完成本职工作的方法和步骤有一半相同 4. 完成本职工作的方法和步骤大部分不同 5. 完成本职工作的方法和步骤完全不同	
设备管理责任	1. 无设备管理责任 2. 辅助设备，影响局部生产 3. 主要设备，影响局部生产，对生产影响很大的辅助生产设备 4. 主要设备，影响整个生产	
安全责任	1. 不发生事故 2. 事故发生率小，造成的伤害和损失较小 3. 事故发生率大，造成的伤害和损失较小 4. 事故发生率小，造成的伤害和损失大 5. 事故发生率大，造成的伤害和损失都较大	
消耗责任	1. 不使用原材料 2. 使用原材料少，价值小 3. 使用原材料较多，但消耗不受人为因素影响 4. 使用原材料较多，价值较大，作业人员对原材料、能耗有一定影响 5. 使用原材料多，价值大，作业人员对原材料、能耗影响大	
在工作中，你需要做计划的程度	1. 在工作中无须做计划 2. 在工作中需做本岗位的工作计划 3. 在工作中需做部门的部分工作计划 4. 在工作中需做部门整体计划	
你每次完成作业的依据	1. 凭经验或师傅的指导 2. 固定的工作程序，不具备任何选择性 3. 固定的模式和工作方法，在执行过程中需处理一些简单问题 4. 工作目标明确，有可借鉴的模式和工作方法，需处理较复杂的问题 5. 工作内容较复杂，需在复杂的工作中理出头绪，决策性较强	
你在工作时姿势如何	1. 以坐姿为主 2. 以静态站姿为主 3. 以走动为主 4. 以静态站姿为主，有部分难适应姿势，如：坐姿结合走动；主要是慢动作，或蹲、弯腰、前倾等难适应姿势	

（续表）

你所从事的工作有无体力方面的要求	1. 轻体力劳动 2. 一般体力劳动 3. 强体力劳动 4. 连续强体力劳动	
心理压力	1. 从事程序性工作，心理压力较小 2. 程序性工作较多，有时会出现不可控因素，有一定的心理压力 3. 脑力消耗较大，工作中常出现不可控因素，心理压力较大 4. 需要付出的脑力强度大，不可控因素多，心理压力大	
工作负荷	1. 工作负荷较小，能够按正常时间上下班或偶尔需要加班 2. 工作负荷一般，有些时候工作紧张，要求阶段性加班 3. 工作负荷较大，经常要求加班或加班的时间段无法控制，需要随叫随到	

在一般情况下，遇到什么事情需要向本岗位的主管汇报：
你认为做好本岗位工作最重要的一项要求是：
你日常工作安排是以： 1. 自我安排为主 2. 领导安排为主
你是否经常协调本部门的其他成员工作： 1. 经常 2. 偶尔 3. 没有
你是否需要协调其他部门工作，如需协调，请描述具体的部门名称：
直接监督人员的数量： 间接监督人员的数量： 你在工作中直接受谁（岗位）监督： 你在工作中直接对谁（岗位）进行监督：
1. 工作场所：（1）以室内为主；（2）以室外为主 2. 工作环境是否存在危险？（1）是；（2）否 3. 如果存在危险，主要包括哪些危险：_____ 4. 通常的工作环境是：（1）高温；（2）高湿；（3）寒冷；（4）有粉尘；（5）有异味；（6）噪声环境；（7）其他 对于目前的工作，你还有需要补充的吗？ _____ _____
对于你的辛苦工作，我们表示衷心的感谢，祝你工作愉快，一切顺利。

表2-9 岗位分析调查问卷

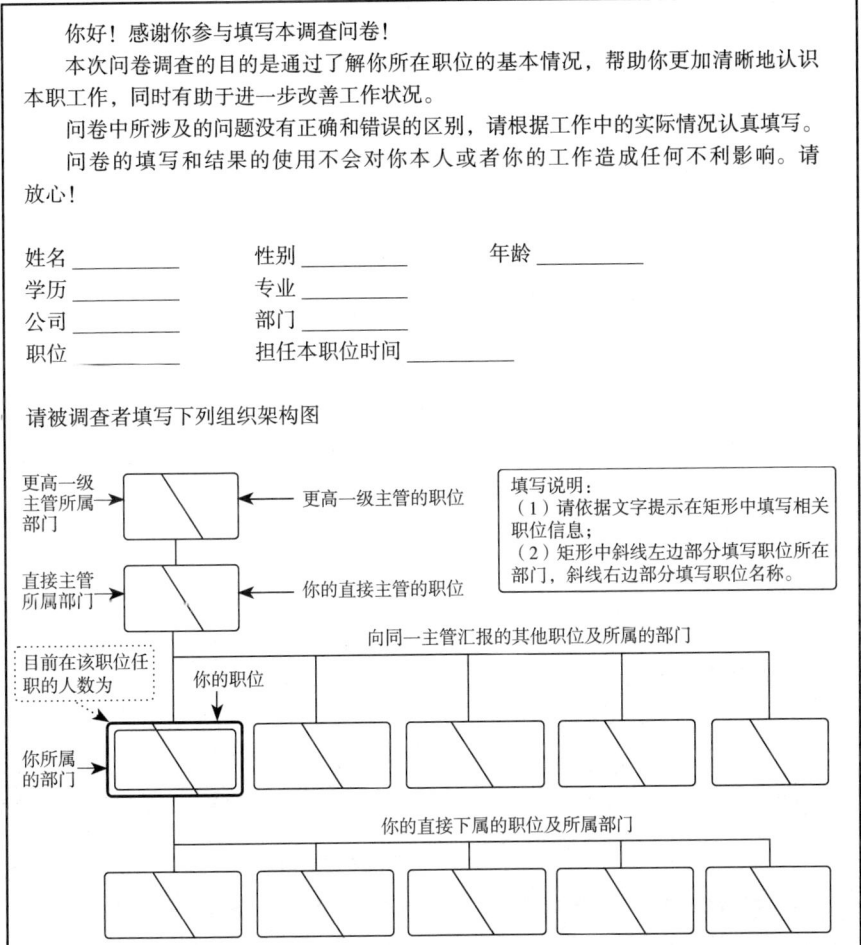

（二）访谈法

访谈法是访谈人员就某一岗位与访谈对象，按事先拟订好的访谈提纲进行交流和讨论。访谈对象包括该职位的任职者、对工作较为熟悉的直接主管人员、与该职位工作联系比较密切的工作人员、任职者的下属。为了保证访谈效果，一般要事先设计访谈提纲，交给访谈者准备。

访谈法分为个体访谈和群体访谈。

1. 进行访谈时应注意的原则

（1）明确面谈的意义。

（2）营造融洽的气氛。

（3）准备完整的问题表格。

（4）要求按工作重要性程度排列先后顺序。

（5）面谈结果可以让任职者及其上司审阅修订。

2. 访谈法的实施流程

访谈法一般分为四个阶段，如图2-24所示。

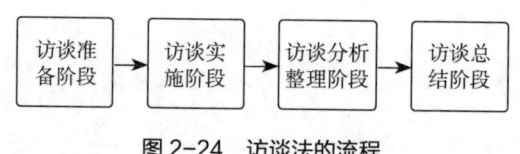

图2-24　访谈法的流程

3. 访谈提纲撰写

访谈提纲的撰写，可参考如下两例。

岗位分析访谈提纲示例1

1. 你向谁报告？

2. 谁向你报告？

3. 你在预算（包括预算金额及你所管理的资产价值）上所负的责任如何？

4. 你的主要职责是什么？

5. 你怎么安排你的工作时间？

6. 对分配给你的工作，你如何安排？

7. 你的工作中最具挑战的是什么？

8. 工作之前必须完成哪些准备工作?

9. 你要怎样提高产品或服务的品质?

10. 你觉得有哪些工作是重要的或不重要的?

11. 工作过程应该如何加以改善?

12. 可以用什么不同的方式工作,以降低费用或成本?

13. 你必须遵循什么原则、规定、政策等,以达成职责?

14. 在采取行动之前,有哪些决策必须请示或必须通知你的下属?

15. 这项工作对你的创意和解决问题的能力有什么样的挑战?

16. 你和企业内或企业外哪些人有定期性的接触?接触的原则是什么?

17. 你的接班人在知识和经验上必须具备哪些资格?

18. 你如何回答"为什么需要我这个职位"这个问题?

岗位分析访谈提纲示例 2

1. 请用一句话概括你的职位在本公司中存在的价值。它要完成的主要工作内容和要达成的目标是什么?

2. 与你进行工作联系的主要人员有哪些?联系的主要方式是什么?

3. 你认为你的主要工作职责是什么?请至少列出五项职责。

4. 对于这些职责,你是怎样完成的?在执行过程中碰到的主要困难和问题是什么?

5. 请你指出以上各项职责在工作总时间中所占的百分比(请指出其中耗费时间最多的三项工作)。

6. 请你指出以上工作职责中最为重要、对公司最有价值的工作。

7. 组织赋予你的最主要的权限有哪些?你认为这些权限有哪些是合适的,哪些需要重新界定?

8. 请就以上工作职责谈谈评价这些职责是否出色地完成的标准是什么。

9. 你认为在工作中需要其他部门、其他职位提供哪些方面的配合、支持与服务？在这些方面，目前做得好的是什么，尚待改进的是什么？

10. 你认为要出色地完成以上各项职责，需要什么样的学历和专业背景？需要什么样的工作经验（类型和时间长度）？需要具备哪些专业知识和技能？在外语和计算机方面有什么要求？

11. 你认为要出色地完成以上各项职责，需要什么样的个人品质？

12. 请问你在工作中自主决策的机会有多大？工作中是否经常加班？工作繁忙程度是否具有很大的不均衡性？工作中是否要求精力高度集中？工作负荷有多大？

4. 访谈法的运用技巧

营造访谈气氛的途径如：

（1）采取随意简单的方式自我介绍。

（2）尝试发现被访谈者喜好的话题，从这些话题出发展开访谈。

（3）在话题开始时，采取适度方式表达对被访谈者的欢迎，以缓和紧张气氛。

访谈法常用的介绍词

你好！我叫×××，是本公司人力资源部岗位分析师。想必你的领导×××经理已经和你沟通过，我们将通过访谈等方式对你的职位——质量工程师进行岗位分析，以确定该职位的工作职责及任职资格。本次访谈选取了品质部五个核心职位作为标杆进行分析，质量工程师这一职位，我们选了公司五位职员进行访谈，你是我们的第一位访谈者。通过本轮访谈收集的信息将连同岗位分析问卷,一同作为岗位分析的信息基础。最后的访谈总结在正式提交前,我们会再次和你沟通进行确认。对于本次访谈的内容,我们会予以保密。

在访谈开始前,你有问题需要向我提出吗?

5. 谈话纪要

需要对访谈的过程加以记录,如表2-10所示。

表2-10 谈话纪要

访谈对象: 所属部门: 岗位名称: 访谈时间: 年 月 日 时 访谈地点: 访谈人: 记录人:	
访谈记录	主题提炼和心得体会
问题1:	
问题2:	
问题3:	
……	

(三)观察法

观察法指的是岗位分析人员在不影响被观察者正常工作的前提下,通过观察员工的日常工作行为,将有关工作的内容、方法、程序、设备、工作环境等信息记录下来,最后将取得的信息归纳整理为适用信息的方法。

利用观察法进行岗位分析时,应根据岗位分析的目的,利用现有条件,确定观察的内容、观察的时间、观察的位置、观察所需的记录表单等,做到省时高效。

1. 观察法的种类

观察法又分为以下几种：

（1）直接观察法：岗位分析人员直接对员工工作的全过程进行观察。直接观察适用于工作周期很短的职位。如保洁员，其工作基本上以一天为一个周期，职位分析人员可以一整天跟随保洁员进行直接工作跟踪观察。

（2）阶段观察法：有些工作具有较长的周期性，为了能完整地观察到员工的所有工作，必须分阶段进行观察。比如行政文员，需要在平时工作的基础上筹备年终企业总结表彰大会，所以对行政文员的工作要长期观察，岗位分析人员还必须在年终时对其筹备企业总结表彰大会的工作过程进行观察。

（3）工作表演观察法：对于工作周期很长和突发性事件较多的工作比较适合。如保安工作，除了按正常的工作程序进行工作，还需要处理很多突发事件，如盘问可疑人员等。岗位分析人员可以让保安人员表演盘问的过程，来对该项工作进行观察。

2. 应用观察法的要求

（1）所观察的工作应具有代表性。

（2）岗位分析人员在观察时尽量不要引起被观察者注意，在适当的时候，应该以适当的方式将自己介绍给被观察者。

（3）观察前应确定观察计划，计划工作中应含有观察提纲、观察内容、观察时刻、观察位置等。

（4）观察时思考的问题应结构简单，并反映工作内容，避免机械记录。

用观察法进行岗位分析的结果比较客观、准确，但需要岗位分析人员具备较高的素质。它适用于外部特征较明显的岗位工作，如生产线上工人的工作、会计人员的工作等；不适合长时间的心理素质分析，不适合工作循环周期很长的工作和脑力劳动的工作,此外,偶然性、突发性工作也不易观察,且不能获得有关任职者要求的信息。

3. 观察法的实施流程

观察法一般分为六个阶段,如图2-25所示。

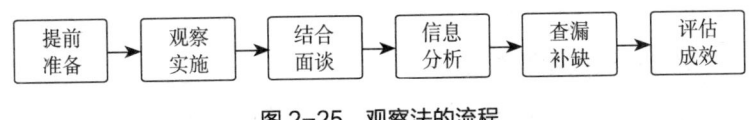

图2-25 观察法的流程

4. 观察提纲示例

表2-11是观察提纲的示例。

表2-11 观察提纲

基本信息	被观察者姓名:		观察日期:
	观察者姓名:		观察时间:
	工作类型:		观察内容:

具体问题:
什么时候开始正式工作:
上午工作多少小时:
上午休息几次:
第一次休息时间从　到
第二次休息时间从　到
上午完成产品多少件:
平均多长时间完成一件产品:
与同事交谈几次:
每次交谈约多长时间:
室内温度:
上午喝了几次水:
什么时候开始午休:
生产了多少次品:
搬了多少次原材料:
工作场地噪声分贝是多少:
总结:

（四）关键事件法

1. 关键事件法的定义

关键事件法，要求岗位工作人员或其他有关人员描述能反映其绩效好坏的"关键事件"——对岗位工作任务造成显著影响的事件——将其归纳分类后，对岗位工作有全面了解的方法。

2. 对关键事件的相关要求

对关键事件的描述包括导致该事件发生的背景、原因，员工有效或多余的行为，关键行为的后果，员工控制上述后果的能力。采用关键事件法进行岗位分析时，应注意三个问题：一是调查期限不宜过短；二是关键事件的数量应足够说明问题，事件数量不能太少；三是正反两方面的事件都要兼顾，不得偏向一方。

3. 关键事件法的主要优点和缺点

关键事件法的优点在于，研究的焦点集中在职务行为上，因为行为是可观察的、可测量的。通过这种职务分析可以确定该职务行为产生的行为结果和作用。

关键事件法的缺点在于：一是费时，需要花大量时间去收集关键事件，并加以概括和分类；二是对脑力劳动的员工难以适用，因而很难完成全面的职务分析工作。该方法适用于同一职位员工较多，或者职位工作内容过于繁杂的工作。

（五）在职体验法

在职体验法是指岗位分析人员直接参与某一岗位的工作，从而细致、全面地体验、了解和分析岗位特征及岗位要求的方法。

与其他方法相比，在职体验法的优点是可获得岗位要求的第一手真实、可靠的数据资料，获得的信息更加准确；缺点是受到分析人员本身的知识、经验与技术的影响，其运用范围有限，只适用于较为简单的工作岗位分析。

四、岗位说明书

（一）岗位说明书的作用

1. 为招聘、录用员工提供依据

岗位说明书确定了职务的任职条件，它是招聘工作的基础，企业需要依照它来挑选人员。岗位说明书将作为员工录用以后签订的劳动合同的附件。员工在被录用以后，一般企业要先进行一次上岗前培训，岗位说明书可以作为上岗培训的教材使用。

2. 对员工进行目标管理

在对员工目标管理设计的时候，依据岗位说明书规定的职责，可以清晰、明确地给员工下达目标，同时便于设计目标。

3. 是绩效考核的基本依据

在绩效考核的时候，根据岗位说明书，才会知道这个岗位有哪些职责，才能去考核在该岗位工作的员工是不是尽职尽责，是不是完成了工作目标。

岗位说明书明确了某项职责范围，是全责、部分负责还是支持即可，清楚地划分了员工的职责。

岗位说明书还规定了考核评价内容，绩效考核的标准应该是一致的，不能岗位说明书写的是一个样，考核标准又是另一个样。

4. 为企业制定薪酬方案提供依据

直接决定薪酬的是职务评价，职务评价是企业薪酬方案的基本依据，

整个薪酬体系需要以岗位评价为支撑性资料。而职务评价的基础是职务分析和岗位说明书，如果没有岗位说明书、岗位内涵分析等资料，就无法进行岗位评价。因此，从根本上说，岗位说明书为企业制定薪酬政策提供了重要依据。

5. 为员工教育与培训提供依据

对员工进行培训是为了满足岗位的需要，企业应有针对性地对具有一定文化素质的员工进行专业知识和实操技能培训，提高员工胜任本岗本职工作的能力。在具体操作过程中，应根据岗位说明书的具体要求，对一些任职能力不足的员工进行针对性的培训，以提升其素质，最后使其达到岗位说明书的任职要求。

6. 为员工晋升与开发提供依据

员工大都愿意在一家企业长期工作，他们跳槽的原因主要是有没有发展的空间，能不能实现自己的梦想。如现在是普通员工，有没有可能做组长，并一步步往上升迁。为此，企业要依据岗位说明书做出员工晋升路径图，作为规范化管理的基础文件，让每一位员工都清楚，自己好好工作，将来能升到什么职位，或需要多长时间才能达到升职条件。

综上所述，岗位说明书有很多重要作用，所以应该做好岗位说明书的编制工作，而且应该把岗位说明书作为一种员工档案长期保存。

（二）岗位说明书的内容

岗位说明书的编制，是对岗位分析的结果加以整合，以形成具有企业规章制度效果的正式文本过程。岗位说明书不存在标准格式，每家企业的岗位说明和内容都不尽相同，但是都应说明清楚所执行的工作、职务的目的和范围、员工为什么工作及如何工作。多数岗位描述有三个主要部分——职务头衔、职务责任和职务说明，具体包括以下内容。

1. 职务识别部分

这部分位于岗位说明书的头部，有识别和确定某个岗位的作用。其主要内容有职务头衔、职务所在的部门、岗位分析者及其向谁报告、最近修改岗位说明书的时间和编号等，其中职务头衔是其主要内容。

职务头衔是指对一组职位的称呼，如招聘专员、体系工程师等。设定头衔的作用如下：

（1）头衔名称归纳职务活动的特点，对职务提示出一个整体概念及职务的责任，如"业务员"会暗示该职务有拉订单和跟踪订单达成的特征和责任。

（2）头衔对员工有心理上的作用，如将"垃圾清扫工"称为"清扫保洁专员"，能提高这一职务在人们心中的地位。

（3）头衔也可反映出该职务与其他职务的关系、处于何种级别水平等，如"助理工程师""经理助理""高级工程师"的头衔可说明职务的不同等级。

2. 功能部分

功能部分描述岗位应完成的工作、任务和责任，说明工作本身的特性和进行工作的环境特性等。这部分首先要确定组成职务的任务和责任。任务是指员工要完成的工作，或制造产品或提供服务的行为。责任则是一系列主要任务的集合，岗位的责任依据完成任务所花费的时间和重要性的优先排列次序。因此，有关岗位责任的说明通常按其重要的程度编写。

此外，功能部分还应说明工作手段和工作环境。工作手段即员工用来执行岗位活动的机器、工具、设备和辅助装置。工作环境说明工作是处在何种环境状态下完成的，提供了员工工作环境方面的信息，如在室内还是室外、温度、湿度如何，是否需要站立或久坐，是否处于电磁环境、噪声、有害气体等状态，等等。

3. 岗位说明部分

岗位说明部分反映为取得成功的岗位绩效所需要的岗位特性，通常描述该岗位员工应该具备的经验、教育和培训等条件，以及需具备的特殊知识、能力和技能等。

（三）岗位说明书的编制要求

岗位说明书的编制应该使用简洁的、直接的语言，充分反映出该岗位的特征。

在岗位分析的写作过程中，相关人员应注意做什么、如何做和为什么要做这三个方面的问题。

"做什么"是以岗位上所完成的体力活动和脑力活动的有关说明来表示的。

"如何做"是执行岗位工作所采取的方法或程序，有体力活动和脑力活动两种不同的程序。

在考虑到岗位的如何做时，分析员应考虑下列问题：

（1）完成这一岗位的所有任务，使用了什么材料、工具和设备？

（2）是否还有其他没有观察到的材料、工具和设备？如有，他们应如何工作？

（3）完成这一岗位的所有任务，采用了什么方法或过程？

（4）有没有其他方法或过程能完成此项工作？

"为什么要做"说明了本岗位在整个流程的地位和作用。

（四）如何编写岗位说明书

岗位说明书的内容，依赖于采用的岗位分析方法和职务性质。在多数岗位说明书中，信息可按有关的主要岗位部分来组织，或按岗位活动的进行顺序来组织。在没有其他任何合理的组织原则时，或按各种活动判断出的重要程度，或按消耗于各种活动上的时间多少来排列描述信息。在某些岗位分析程序中，可包括一系列任务清单，甚至可以按照这些任务所包含的各项"责任"进行编写。

编写岗位说明书是一项牵涉面广、工作量大的文件整理汇编工作，可分以下几个步骤来进行。

1. 准备阶段

（1）组建编写小组。

该小组负责具体编写工作和协调有关事宜。编写小组成员由顾问公司（如果有外聘）、人力资源部及其他部门指定的人员（一般是各部门的负责人）组成。小组成员对企业及本部门的经营管理和业务状况比较了解，有一定的影响力，能公平公正地处理问题，有一定的文字功底。

（2）组建领导小组。

该小组负责审核编写的结果和解决编写中出现的有关问题，主要由企业资深的高层管理人员组成。

2. 编写阶段

（1）设计框架。

由编写小组成员设计出适合本企业的岗位说明书框架，包括岗位说明书的样式及相关内容（见表2-12、表2-13、表2-14），并提交领导小组审定。

表2-12 ×××有限公司岗位说明书

岗位名称		所在部门		岗位定员数	
岗位编号		部门编号		薪酬等级	
直接上级			直接下级		
工作综述					
岗位职责	序号	工作项目	具体职责	工作权重（%）	绩效指标
	1				
	2				
	3				
	4				
	5				
	6				
	7				
	8				
工作协作关系	内部				
	外部				
任职资格	项目要求				
	教育程度				
	专业（工种）				
	工作经验				
	知识要求				
	上岗证/资格证				
	对身体健康的要求				
	专业技能	技能			
		级别			
	需求程度的级别：1.无要求；2.一般；3.较强；4.强；5.很强				
其他	工作环境				
	工作时间				
	使用的主要工具设备				
述职签字	任职人		任职人上级		人力资源部

表2-13 ×××有限公司软硬件工程师说明书

岗位基本信息				
岗位名称	软硬件工程师	直接上级		
所属部门		直接下级		
所辖人员		岗位分析日期	年	月
岗位目的	在分管领导的指导下，负责制定全司电脑等办公设备的使用管理制度，倡导办公设备的安全使用、合理使用，同时为终端用户计算机操作系统、应用软件和网络通信及其他硬件设备的安装、调试提供服务			
主要工作职责				
1. 制度制定与实施（权重20%） 负责协助制定公司办公设备的管理制度，并推进实施 2. 软硬件安装调试与故障排除（权重75%） （1）软硬件安装调试：为终端用户提供计算机操作系统、应用软件和网络通信及其他硬件设备的安装和调试服务 （2）硬件维护：为各科室办公用硬件设备（服务器、工作机、打印机、移动存储设备）提供安装、维护、配置、运行等服务 （3）故障排除：接待、解答并处理终端用户报告的计算机软硬件及网络故障 3. 完成上级领导交办的其他工作（权重5%）				
岗位资格要求				
1. 教育背景：专科以上学历，计算机硬件相关专业 2. 工作经验：两年以上相关工作经验				
岗位技能要求				
1. 有较强的计算机技术背景 2. 熟悉计算机系统结构和软硬件管理技术 3. 具有服务器操作系统工作经验 4. 有丰富的计算机及相关设备操作维护经验				
其他				
工作环境	办公室			
使用工具/设备	计算机、一般办公设备（电话、传真机、打印机、网络）、通信设备			

表2-14　×××国有控股上市公司项目部部长岗位说明书

岗位基本信息			
岗位名称	项目部部长	岗位编号	
所属部门	项目部	岗位编制	1人
岗位序列		岗位层级	
直接上级岗位名称	技术中心副主任		
直接下属岗位名称及人数	项目管理员××人		
工作目的			
全面负责项目部各项工作，协助中心领导办理各项工作，督办中心领导布置的任务，保障中心内部科研管理体系的完整和正常运营			
主要工作职责			
序号	概述	内容描述	
1	科研发展规划	组织编制、实施科技发展规划	
2	项目管理	负责对技术中心科研项目全面管理	
3	设备、物料管理	负责设备、物料采购工作的审核、商务谈判工作	
4	知识产权管理	负责组织专利申报	
5	新产品市场开发	负责收集××产品市场动态	
6	管理体系的策划实施工作	负责ISO9001质量管理体系、ISO14001环境体系、测量体系的策划工作，负责各体系的建立和运行管理工作	
7	政府科研项目申报、管理工作	全面负责政府项目的管理工作	
8	6S管理工作	全面负责各中试室6S管理体系的建立、运行、检查工作	
9	安全管理	负责安全管理工作	
主要工作权限			
业务类	对规章制度的立项修订有建议权 对项目部各项规章制度有审核权 对科研项目进度计划有审核权 对上报项目材料有审核权 对与科研项目相关物料采购有审批权		

（续表）

财务类	对本部门规定范围内的费用有审批权 对本部门权限范围内的办公用品、办公设备采购有审批权	
人事类	对下属员工的招聘有审核权 对下属员工工作绩效有考核权 对下属员工的异动、奖惩、任免有提案权	

主要工作关系				
职位关系示意图	中心副主任 │ 项目部部长 ── 各科室负责人 │ 项目管理员			

	沟通方式	部门（单位）及岗位	形式与内容	沟通结果	频率
内部工作关系	汇报	中心主任、副主任	以书面形式汇报工作计划执行情况	月度工作总结	每月
			口头汇报交办工作		经常
	督导	部门员工	以口头或书面形式指导下属工作		经常
	协调	其他部门	以口头或书面形式与各部门交流、沟通		经常
外部关系		省科技厅	以书面、口头形式请示、汇报工作		经常
		省国资委	以书面、口头形式请示、汇报工作		经常
		省财政厅	以书面、口头形式请示、汇报工作		经常

(续表)

工作特征与工作条件		
时间要求	偶尔需要加班及出差	
工作设备	经常使用电脑、电话机、传真机、打印机	
工作环境	主要在室内工作	
任职资格		
最低学历	研究生	专业要求	管理、材料、化工专业
工作经验	具有五年以上工作经验		
资格证书			
专业知识	熟练掌握项目管理、企业管理、材料科学或者化工科学等专业知识		
专业技能	熟练掌握公文写作、办公软件应用等技能		
上岗培训要求	公司科研、生产、销售管理体系培训、保密培训		
素质要求	能力	具有良好的组织能力、沟通协调能力、战略思考能力、评估能力、解决问题的能力	
	人格特征	认真负责、积极主动、思维缜密、开拓进取、能够承受较大的工作压力	
	其他		
任职者（签名）： 日期： 年 月 日		部门负责人（签名）： 日期： 年 月 日	

（2）组织培训。

针对岗位说明书的框架，由编写小组的成员组织全体员工进行岗位说明书编写技能与技巧的培训。

（3）进行编写。

编写小组辅导或者帮助任职人员进行岗位说明书的编写，并完成初稿，提交部门负责人进行审核与修订。岗位说明书一般分为以下几大部分。

① 基本概况：岗位名称指的是任职职位的称谓，名称要反映工作岗位

的性质，突出岗位的职能，如招聘专员等；岗位的编号一般由企业人力资源部统一规定；所在部门指本岗位隶属的部门名称；直接上级指所描述职位的直接主管岗位的名称，一般一个岗位只有一个直接上级岗位；直接下级指所描述岗位直接领导的下属岗位名称；薪酬等级指根据岗位评价的结果，按照企业的管理制度确认的薪酬级别（可以按管理岗位和技术岗位进行分级）。

② 工作综述：指对本岗位职能进行综合、概括性的描述，一般用一句话，采用"三段论"的方式来描述，即"依据（按照）……，做……，达成……结果"。

③ 岗位职责：包括工作项目、具体职责、工作权重、绩效指标四个部分。工作项目包括岗位关键业务工作职责和岗位基础工作职责。关键业务工作职责指为发挥本岗位职能必须承担具体业务的工作职责；岗位基础工作职责指各部门为完善本岗位的职能建设所承担的共性工作。具体职责指对工作项目的具体内容进行描述，一般也采用"三段论"的格式。工作权重指本项工作的工作量占本职位工作总量的比例，一般情况下可以用时间比例来代替，所有工作的总权重为100%。绩效指标指衡量本项工作完成情况的指标及标准，主要从时间、数量、质量和成本等方面进行设置。

④ 工作协作关系：包括对内和对外两部分。对内主要指与直接上级或平级部门、岗位之间的协作关系，一般填写最经常联系的3~5个部门或岗位。对外主要从上级单位、政府有关部门、客户及外部供方等方面来描述。

⑤ 任职资格：包括教育程度、专业（工种）、工作经验、知识要求、上岗证/资格证、对身体健康的要求和专业技能等，必须全部填写。其中，专业技能主要从招聘的角度出发，根据职位工作的需要，并从工作性质和工作内容判断其需求程度的级别。

⑥ 其他：包含工作环境、工作时间和使用的主要工具设备。工作环境指本岗位工作面临的实际工作环境，如是否面临噪声、粉尘、有毒气体、高温等会带来生命安全、职业病等危害的因素。工作时间是指本岗位工作的时间规律性。使用的主要工具设备指完成岗位职责所需要使用的工具或设备。

3. 审核与修订

部门负责人对岗位说明书的初稿进行初步审核，及时提出审核中发现的问题；编写小组提供岗位说明书的审核技术和办法，负责审核的过程辅导，解决项目小组审核中遇到的技术问题，并负责收集审核意见和修订岗位说明书。

4. 定稿

编写小组将已初步修订的岗位说明书提交企业领导小组，领导小组对所有的岗位说明书进行全面综合性审核，提出审核意见，并将审核中发现的问题与编写小组共同探讨，最终确定修订的办法，经编写小组再修订后，将岗位说明书定稿。

岗位说明书定稿后，通过既定的程序审批后受控发行。

5. 岗位说明书的定期审查和保管

岗位说明书的内容并不是一成不变的，过一段时间应进行一次修订，在应用中动态地改进其内容。而且这种修订应该和企业的人力资源规划结合在一起，以便做好企业系统性规范化管理。

（1）常规性调整。

岗位说明书一般实行会审制度，由企业人力资源部每年或定期组织对岗位说明书进行分级审核，收集审核意见，综合分析后，酌情调整。

（2）随着企业发展战略的调整而调整。

企业发展战略调整之后，可能会引起组织结构的调整和变化。调整后的组织结构，会出现一些新的岗位，或者一些老岗位消失，或者个别岗位的内容职责会有所变化，这时，应重新修订岗位说明书。这项工作由人力资源部主持，相关部门共同研究决定，研究以后再进行总的调整。

（3）岗位说明书作为界定部门或岗位职责的重要资料，应妥善保管。

岗位说明书一式三份，任职人保管一份，用于对照本职工作的完成情况；直接上级保管一份，用于检查、督导员工的工作；人力资源部存档一份，用于了解和跟踪各部门对员工的绩效评价等工作是否公平、公正和合理。岗位说明书作为企业文件，任职人在辞职、离任、被辞退、被调出时，不能将其带走，应该将其转交给上级主管或继任该职位的人员。

"精细化"语录

1. 老板的时间在哪里，公司的战略就在哪里。

2. 去掉不必要的流程，留下的才是精华。

3. 企业管理做得好不好，就看企业的"乌龟"有多少。"乌龟"越多，管理越细；"乌龟"越少，管理越粗。

第三章

现场管控精细化

第一节　现场管控精细化的基本概念

一、精细化管理的本质

精细化管理是一种意识，是一种理念，是一种认真的态度，是一种精益求精的文化。

精细化管理是一种以最大限度地减少管理所占用的资源和降低管理成本为主要目标的管理方式，其结果是让企业的产品或服务更具市场竞争力。那些没有形成精细化管理理念的企业，无法为客户提供满意的产品和服务，甚至会面临随时被市场淘汰的风险，何谈企业的长远发展？

精细化管理的本质就在于，它是对企业战略和目标进行分解、细化和落实的过程，是让企业的战略规划能有效贯彻到每个环节并发挥作用的过程，它也是提升企业整体执行能力的重要途径。精细化管理不仅是企业适应激烈竞争环境的必然选择，也是企业实现基业长青的必然选择。最重要的是，精细化管理最终要形成独特的企业文化。企业要通过各种形式和途径让员工了解精细化管理的内涵，从思想根源上要求员工具备精细化的思维方式，让员工由知晓、明白、认同、支持，到亲自参与落地实施，最终将精细化的文化理念根植于心中。

二、精细化管理在企业经营中的应用

在 20 世纪 70 年代，凯玛特是美国零售业的老大，同一时期创立的沃尔玛的销售额仅是凯玛特的 1/45，沃尔玛最终是如何超越凯玛特的？

配货时间：沃尔玛配货平均每天一次，凯玛特平均 5 天一次。

成本控制：沃尔玛严格控制各方面开支，全方位精细化管理；凯玛特却因为与沃尔玛较劲，花钱办事大手大脚。

经营定位：沃尔玛专注于商品经营，做"小买卖"；凯玛特搞多元化，大肆收购。

正是由于凯玛特在各项细节管理上都略逊于沃尔玛，最终导致了凯玛特申请破产保护。做"小商品买卖"的沃尔玛因坚持精细化管理的理念，跻身全球 500 强之列，成为世界公认的零售业巨头。

松下电器的创始人松下幸之助曾经去考察一家企业，洽谈合作意向。他当时并没有听该企业负责人的汇报，而是先到该企业生产车间仔细地观察了一遍。他跟一线工人做了很长时间的面对面交流后，合作的事就这样确定了下来。松下幸之助的同事对此很不理解，问他为什么没有听汇报就做出了决定。他说："一家企业最主要的是精神。这其实很简单，我从工厂现场的管理和工人的言谈举止中了解和认识了他们的文化，这一切说明了这家企业是一家很有活力和具有发展前景的企业。"这件事也印证了精细化管理对形成企业文化的重要作用。

华为的成功，除了极具华为特色的"华为基本法"等企业文化和内部员工持股的股权激励以外，华为的精细化管理亦独具特色，建立了新式流程体系 IPD。IPD 体系的运用，使产品投入市场周期实际缩短 40%~60%，产品开发浪费减少 50%~80%，产品开发生产力提高 25%~30%，新产品收益增加 100%。

三、"精益生产"与"精细化管理"的异同

精细化管理起源于美国科学管理之父——泰勒，其理念通俗地解释就是，把事情往细处做。

精益生产起源于日本丰田汽车公司，用大白话解释是：不断减少浪费，把事情越做越好。

精细化管理追求管理工具的极致发挥。它制定流程，通过管与控做事。它把工作分解到最小作业单位，甚至分解到不能再分解的程度，以实现流程的全面受控。推进精细化管理强调执行力，大多数企业在精细化管理方面缺少的是精益求精的执行者、对企业规章制度和管理流程不折不扣的执行者。

精益生产体现的是一种精神和极致管理理念，它从杜绝企业各种浪费入手，使公司的成本控制实现最优化。精益生产和精细化的核心思想都是"全员参与，持续改善"。

精益生产和精细化管理的联系在于，精益生产的前提是精细化管理，精细化管理做不好，精益生产同样做不好。就像一个小孩子，在没有走稳之前是没有办法学习跑步的。这正是目前很多企业遇到的现实问题和存在的通病。只有做好精细化管理，才能让精益生产的道路更加平坦。

为什么需要精细化管理而不仅仅是精益生产？

其一，企业的发展历程要求精细化管理。

根据调查：70%的企业管理水平还没有达到规范化管理的阶段，20%的企业正在致力于从规范化管理向精细化管理转变（见图3-1）。企业的管理，并非生产这一个方面，企业管理的对象，也并非只有产品品质这一项。所以，企业需要全面实行精细化管理，才能实现零缺陷品质管理。

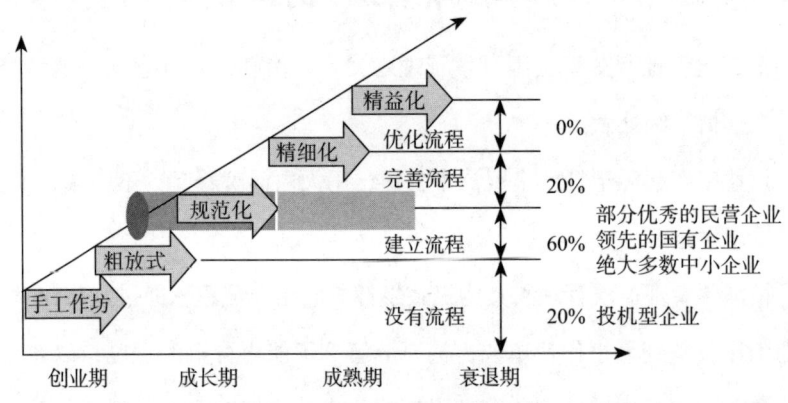

图3-1　企业生命周期

其二，工业革命4.0更需要精细化管理。

图3-2清晰地显示了工业发展的阶段和趋势。可以看出，目前社会正

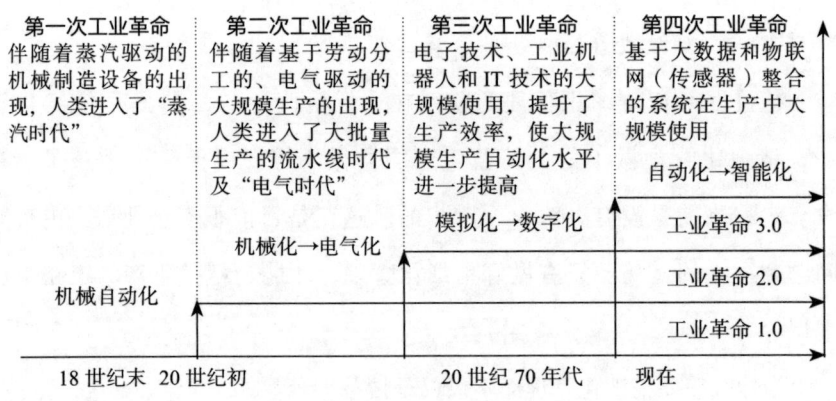

图3-2　工业的发展历程

在经历第四次工业革命,其特点之一是生产从自动化向智能化转变。

工业革命4.0的主题是,在实现智能物流的基础上进行智能生产的智能工厂的普遍建立。这一主题有三个关键词:智能工厂、智能生产、智能物流。

智能工厂:重点研究智能化生产系统及过程,以及网络化分布式生产设施的实现。

智能生产:主要涉及企业的生产物流管理、人机互动及3D技术在工业生产过程中的应用等。

智能物流:主要通过互联网、物联网、务联网,整合物流资源,充分发挥现有物流资源供应方的效率,使需求方能够快速获得服务匹配,得到物流支持。

随着劳动力价格的上涨,中国制造业的"人口红利"正在不断消失。国际经济形式复杂多变,世界经济深度调整,发达国家推进"再工业化"和"制造业回归",全球制造业高端化竞争趋势日益明显,以现代化、智能化的装备提升传统产业,推动"技术红利",成为中国制造产业优先升级和经济持续增长的必然之选。

身处这一环境中的中国企业,更加需要实行精细化管理。

四、现场管控精细化的"三个成功"

现场管控精细化有"三个成功":系统成功、现场成功、公司成功(见图3-3)。

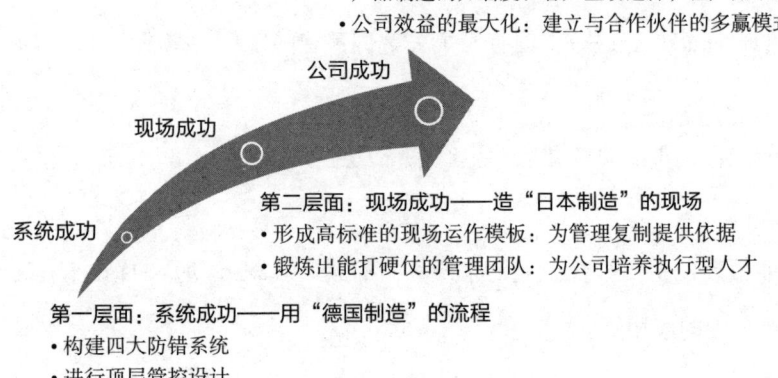

图 3-3 现场管控精细化的"三个成功"

第二节 现场管控精细化的落地生根

一、现场问题的三大类型

生产现场常见的问题，一般分为三种类型。

类型一：产品质量一直存在异常。造成这一问题的根本原因在于产品的设计或生产流程有不合理的地方。

类型二：产品质量时好时坏。造成这一问题的根本原因在于生产缺乏标准化流程。

类型三：产品质量突然出现异常。造成这一问题的原因多半是一些不可控的因素。

二、现场问题的解决策略

生产现场出现的三种问题,各有其解决的思路,如图3-4所示。

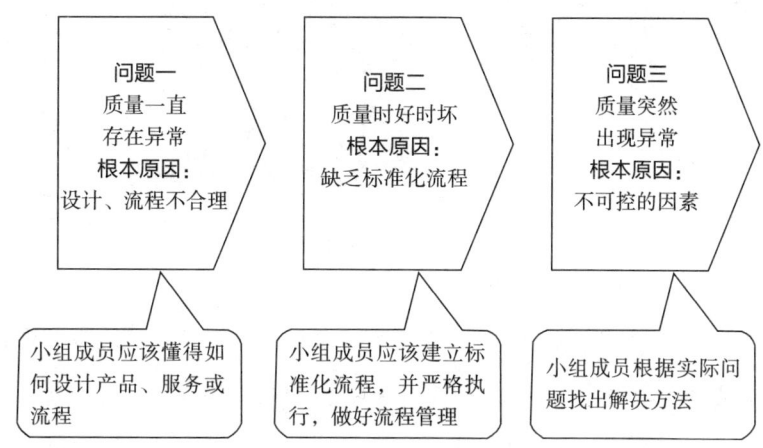

图3-4 现场问题的解决策略

以下介绍一些解决现场问题的具体方法,帮助企业实现现场管控精细化。

第三节 预防"三剑客"——打造零缺陷管理

要打造零缺陷管理,实现现场管控精细化,可采用预防"三剑客",即FMEA、SPC、MSA(见图3-5)。

一、第一剑(FMEA):风险评价缔造完美

(一)什么是FMEA

FMEA——潜在失效模式及后果分析(failure mode and effects analysis),

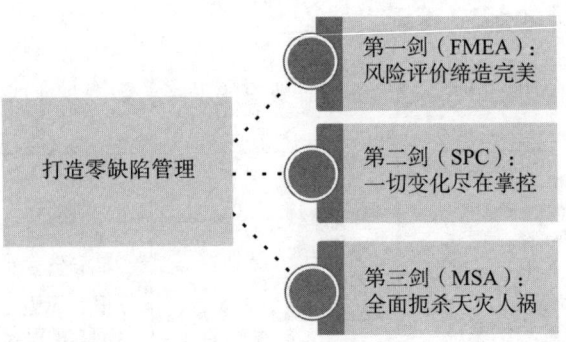

图 3-5　预防"三剑客"

是在产品设计和流程设计阶段，对构成产品的系统、子系统或零部件，以及生产流程中的各个工序逐一进行分析，找出所有潜在的失效模式，并分析其可能的后果，从而预先采取必要的措施，以提高产品的质量和可靠性的一种系统化活动。

（二）FMEA 的种类

FMEA 一般分为如下几类：

（1）系统 FMEA（SFMEA）。

（2）产品 FMEA 或设计 FMEA（DFMEA）。

（3）过程 FMEA 或制造 / 装配 FMEA（PFMEA）。

（4）应用 FMEA。

（5）服务 FMEA。

（6）采购 FMEA。

（三）FMEA 的主要概念

FMEA 的主要概念如表 3-1 所示。

表 3-1　FMEA 的主要概念

功能	该设计或过程要做什么
失效模式	设计、产品、过程失效的表现形式
后果	失效模式发生后引起的事件
严重度（S）	后果的严重程度
起因	导致失效模式的原因
频度（O）	失效模式起因发生的频率
现行控制	探测或防止将失效传递到后续工序的现行方法
探测度（D）	失效模式如果发生，被探测到的难易程度
失效链	失效模式发生引起下游系统或相关系统连锁失效
风险顺序评估	对由频度（O）、探测度（D）、严重度（S）所决定的失效模式的风险大小的评价
控制计划	用于沟通和交流由 FMEA 识别的、要求对之进行控制的重要过程、变量或产品特性的文件
建议的措施	为减少具有较高风险的失效模式而制订的措施计划

（四）FMEA 的基本思路和流程

FMEA 的基本思路是，确定分析对象并确定分析内容，研究分析结果及处理措施，制作 FMEA 分析表。FMEA 分析的流程如图 3-6 所示。

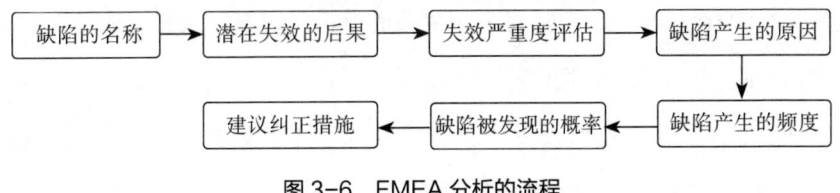

图 3-6　FMEA 分析的流程

（五）设计 FMEA 和过程 FMEA

产品出现问题，主要是由于设计开发先天不足或在制造过程中产生的缺陷造成的，所以我们的 FMEA 主要讲设计 FMEA（DFMEA）和过程 FMEA（PFMEA）。

1. DFMEA

DFMEA 通常用以下方法降低产品的失效风险：

（1）对设计要求的评估及对设计方案的相互权衡。

（2）根据潜在的失效模式对客户的影响，对其进行排序列表，进而建立一套改进设计和试验的优先控制系统。

（3）为将来分析研究现场情况、评价设计时的更改，以及开发更先进的设计，提供参考。

（4）有助于对制造和装配要求的最初设计加以改进。

（5）提高在设计或开发过程中已考虑潜在失效及其对系统和产品使用影响的（概率）可能性。

（6）对制订全面、有效的设计试验计划和开发项目提供更多的信息。

2. PFMEA

PFMEA 是制造主管工程师或生产班组采用的一种分析技术，用来在最大范围内充分考虑并指明失效模式及其相关的后果，以及各自的起因、机理。PFMEA 以其最严密的形式总结了生产主管工程师或生产班组进行工艺过程设计的设计思想（包括对一些对象的分析，即根据经验和过去担心的问题，分析它们可能发生的失效模式）。

PFMEA 假设企业研发设计的产品能满足设计要求，因为设计缺陷所产生的失效模式不包含在 PFMEA 中。

PFMEA 不依靠改变产品设计来克服过程缺陷，它要考虑按生产计划进行工艺生产和装配过程有关的产品设计特性参数，以便最大限度地保证产品能满足客户的要求和期望。

3. DFMEA 和 PFMEA 的比较

DFMEA 和 PFMEA 的比较，如表 3-2 所示。

表 3-2　DFMEA 和 PFMEA 的比较

	DFMEA	PFMEA
对象	系统、子系统或零部件	每道工序
谁做	设计工程师 / 项目小组	制造工程师 / 生产班组
何时做	设计概念最终形成之前	过程设计完成之前
关系	DFMEA 是 PFMEA 的重要输入	

（六）FMEA 的作用和目的

1. FMEA 的作用

FMEA 是设计（制造）工程师用来在最大范围内，保证自己在设计或制造过程中能够充分考虑并指明潜在失效模式及其相关的后果，以及各自的起因或机理的分析方法。所有的 FMEA 最后都要求制作 FMEA 表，这一分析表是 FMEA 结果的书面总结。因而 FMEA 为设计、生产计划、制造、质量管控等相关部门提供了共用的管控标准和技术规范。同时，FMEA 为以后同类产品的设计积累了经验和参考资料。

2. 采用 FMEA 的目的

（1）发现评价产品开发设计过程中潜在的失效模式及其后果。

（2）确定与产品有关的过程潜在失效模式。

（3）评价失效对客户的潜在影响。

（4）确定生产或装配过程中潜在失效的起因，找出失效条件的过程控制变量或减少失效发生。

（5）编制潜在失效模式分级表，建立纠正预防措施的优选体系。

(6)降低缺陷的严重性,进而对零件的结构设计进行更改。

(7)在把有缺陷的产品交付给客户之前或者在有缺陷的零部件及成品出厂前,提高发现缺陷的概率。

(七)FMEA 示例

所谓"潜在失效模式",是指过程中可能发生的不满足过程要求和(或)设计意图要求的形式,是对某具体工序不符合要求的描述。它可能是引起下一道工序的潜在失效模式的起因,也可能是上一道工序潜在失效的后果。需要特别强调的是,在使用 FMEA 的过程中,应假定提供的零件和材料是合格的。

FMEA 示例如表 3-3 所示。

二、第二剑(SPC):一切变化尽在掌控

(一)什么是 SPC

SPC——统计过程控制(statistical process control),是将制造中的控制项目,依其特性所收集的数据,通过对过程能力的分析与过程标准化,发现过程中的异常状况,并立即采取改善措施,使过程恢复正常的方法。也就是说,SPC 利用统计的方法监控生产过程的状态,确保生产过程在管制的状态下,以减少产品质量产生问题的现象。

(二)SPC 的具体应用

SPC 的实质,就是把生产过程中的数据收集起来,用图表的形式展现出来。

仔细想想你的企业有没有遇到过以下问题(以图 3-7 为例)。

表 3-3 潜在失效模式和后果分析

工序名称：	整板电镀					编制人：				审核：			
产品型号：	PCB					FMEA日期（编制）：		2018/6/1		修订：2019/1/1			
核心小组人员确认：	张三、李四、王来、周果、杨末……									FMEA周期：六个月			

过程步骤/功能	要求	潜在失效模式	失效的潜在后果	严重度	分类	失效的潜在原因	现行过程			RPN	建议措施	职责 目标完成日期	措施结果		
							控制预防	控制探测	发生率	探测率				采取措施和生效日期	严重度	发生率	探测率

25.整板电镀	在孔内及表面一层镀铜，使厚度符合MI要求	铜层严重刮花	影响产品外观，导致产品被拒收	5		产品上下架时刮花	操作员一张一张上下板	IPQC过程中稽查	3	7	105	无				
						航车故障时刮花	操作员巡线检查	IPQC过程中稽查	3	7	105	无				
						操作过程中刮花	按照操作指引操作	IPQC过程中稽查	3	7	105	无				
						运输过程刮花	按照运输指引操作	IPQC过程中稽查	3	7	105	无				
		针孔	线路或焊接位破损，影响客户安装	7		过滤泵管道漏气	按照指引要求对过滤泵排气		3	5	105	无				
						镀铜溶液有机物污染	按照指引对铜缸走行碳处理	操作员检查，IPQC稽查	3	5	105	无				
		烧板	外观差，焊接不良	7		电流密度过大	依电流纸检查	操作员检查	2	7	98	无				
						光剂不足	根据化验室分析结果调整	化验室分析	3	5	105	无				
						镀液温度过高	自动温控器自动调节	IPQC用温度计检测	2	5	70	无				
						人为错错资料	操作员检查	IPQC稽查	2	7	98	无				
						整流泵异常	操作员检查	IPQC稽查	2	7	98	无				
		断板	产品报废	8		产品碰到阳极	调整定位感应器	操作员过程检查	2	5	80	无				
						航车定位感应器偏移	维修调整变形飞巴	操作员稽查	2	7	112	无				
						飞巴变形	操作员定期对挂具检查更换	IPQC稽查	2	7	112	无				
						夹板未夹紧										
						挂具失点坏										
						使用挂具不合理	操作员根据电流纸使用挂具	IPQC稽查	2	7	112	无				
		镀层过厚	蚀刻不净	7		人为输错资料	操作员检查	IPQC稽查	2	7	98	无				
						电流密度过大	根据电流纸设定电流	IPQC稽查	2	7	98	无				

控制图编号：

产品件号	C11	规格	标准	群组数大小	控制	$\overline{X}$图	R	制造部门	注塑	样品容量/频率	6pcs/次
产品名称	内门把手	上限 USL	5.20	6	上限 UCL	5.13	0.08				
控制项目	孔径	中心限M	5.10	总组数	中心限CL	5.11	0.04	机组	1号机	抽样方法	均匀抽取10%
测量单位	mm	下限 LSL	5.00	25	下限 LCL	5.09	0.00	测量者	陈卫玲	日 期	2019.6.6

日期 时间		4月2日	4月3日	4月4日	4月5日	5月6日	5月7日	5月8日	5月9日	5月10日	5月11日	5月12日	5月13日	5月14日
批号		1	2	3	4	5	6	7	8	9	10	11	12	13
样本测定值	1	5.11	5.13	5.14	5.08	5.12	5.14	5.10	5.11	5.14	5.10	5.10	5.10	5.14
	2	5.08	5.11	5.12	5.11	5.10	5.12	5.11	5.13	5.12	5.07	5.13	5.14	5.12
	3	5.10	5.08	5.11	5.11	5.14	5.11	5.10	5.10	5.12	5.09	5.12	5.12	5.11
	4	5.12	5.14	5.09	5.09	5.12	5.12	5.10	5.06	5.11	5.11	5.12	5.13	5.12
	5	5.12	5.14	5.09	5.11	5.12	5.12	5.10	5.06	5.11	5.11	5.12	5.13	5.12
	6	5.12	5.14	5.09	5.11	5.12	5.12	5.11	5.11	5.11	5.11	5.12	5.13	5.12
ΣX		30.650	30.740	30.640	30.610	30.720	30.730	30.620	30.570	30.710	30.590	30.710	30.750	30.730
$\overline{X}$		5.108	5.123	5.107	5.102	5.120	5.122	5.103	5.095	5.118	5.098	5.118	5.125	5.122
R		0.040	0.060	0.050	0.030	0.040	0.030	0.010	0.070	0.030	0.040	0.030	0.040	0.030

日期 时间		5月15日	5月16日	7月9日	7月10日	7月11日	7月12日	7月13日	7月14日	7月15日	7月16日	7月17日	7月18日	
批号		14	15	16	17	18	19	20	21	22	23	24	25	
样本测定值	1	5.09	5.11	5.12	5.14	5.12	5.12	5.12	5.11	5.11	5.12	5.12	5.12	
	2	5.11	5.09	5.13	5.08	5.08	5.11	5.13	5.09	5.13	5.13	5.13	5.09	
	3	5.08	5.11	5.11	5.12	5.12	5.13	5.08	5.09	5.09	5.10	5.12	5.08	
	4	5.12	5.09	5.08	5.13	5.11	5.12	5.09	5.10	5.12	5.11	5.09	5.11	
	5	5.12	5.09	5.08	5.13	5.11	5.12	5.09	5.10	5.12	5.11	5.09	5.11	
	6	5.12	5.09	5.08	5.13	5.11	5.12	5.09	5.10	5.12	5.11	5.09	5.11	
ΣX		30.640	30.580	30.600	30.730	30.650	30.720	30.600	30.590	30.690	30.680	30.640	30.620	
$\overline{X}$		5.107	5.097	5.100	5.122	5.108	5.120	5.100	5.098	5.115	5.113	5.107	5.103	
R		0.040	0.020	0.050	0.060	0.040	0.020	0.050	0.020	0.040	0.030	0.040	0.040	

合计
$\Sigma\overline{X}=766.51$ $\Sigma R=0.95$
测量值的判定条件
> USL 红色 < LSL 红色 N=150
平均
$\overline{\overline{X}}=5.1101$
$\overline{R}=0.0379$

$\overline{X}$管制图

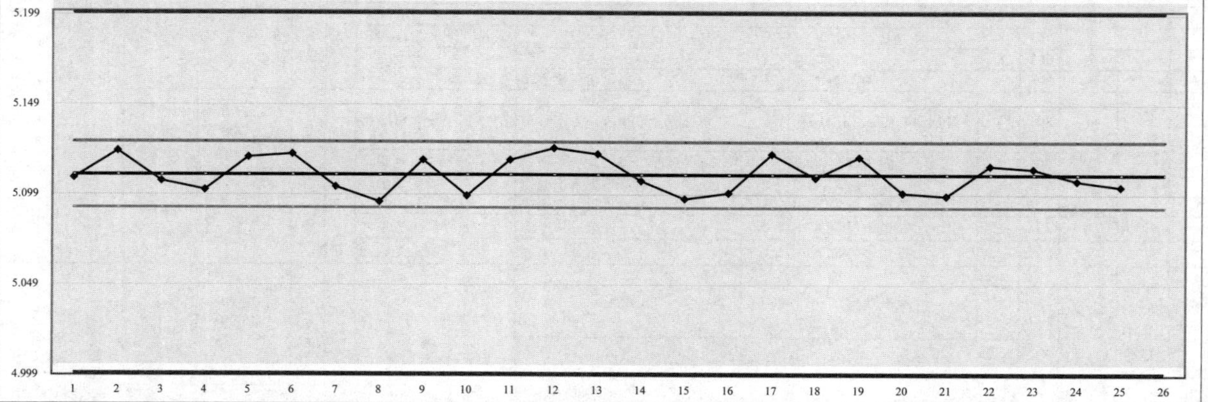

R管制图

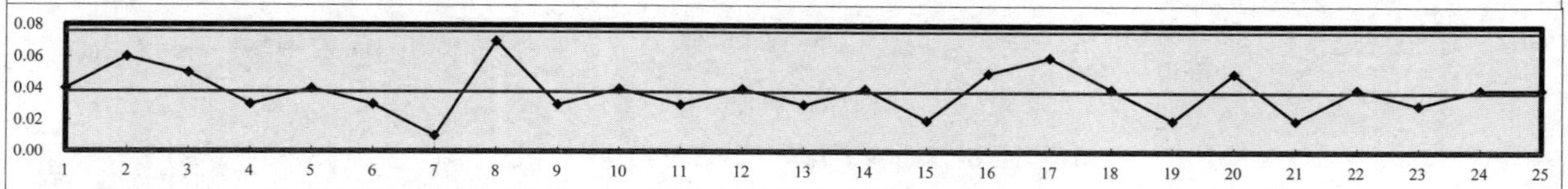

预估不良率（PPM）
0.00098

制程能力分析
Std.Dev. = 0.0174
Sigma = 0.0150
PPK = 1.7231
PP = 1.9160
Ca = 0.1007
CPK = 2.0003
CP = 2.2242
Grade = A

备注及原因跟踪

图 3-7　均值极差 $\overline{X}-R$ 控制图

1. 没能找到正确的管制点

不知道哪些点（管控对象）要用管制图进行管制，花费大量的时间与人力，在不必要的点上进行管制。SPC 只应用于重点的尺寸，即质量关键点（critical to quatity，CTQ）尺寸或特殊工艺参数。重点尺寸性能如何确定？通常可以应用 FMEA 的方法，确定重要管制点，严重度为 8 或以上的点，都是考虑的对象（如果客户有指定，依客户要求即可）。

2. 没有适宜的测量工具

在绘制管制图时，需要用测量工具取得管制对象的数值。管制图对测量系统有很高的要求，需要用到测量系统分析（MSA 分析），通常要求数据的重复性跟再现性（GR&R）不大于 10%。而在进行测量系统分析之前，要事先确认测量仪器的分辨力（即常说的精度），在测量仪器具有能够分辨出过程变差[①]1/10 精度的前提下，方可用于过程的解析与管制。否则，管制图不能进行过程的判异。很多企业正是忽略了这一点，导致做出来的管制图没办法有效应用，严重的还会造成误导。

3. 没有解析生产过程，直接进行管制

管制图的应用分为两个步骤：解析与管制。在进行过程管制之前，一定要进行解析。解析的目的是确定过程是稳定的、可预测的，关键是确定过程能力是否符合要求，即确定过程能力指数（CPK），从而了解过程是否存在特殊原因，或普通原因的变差是否过大导致过程出现不稳定的趋势。过程只有在稳定并且过程能力符合要求的情况下，方才进入管制状态。

4. 分析与管制脱节

在完成过程分析后，如果我们认为过程稳定且过程能力可接受（CPK

---

① 变差，指同一被测变量所指示的两个结果之间的偏差。——编者注

满足要求），就进入管制状态。制程控制时，先将管制线画在管制图中，然后依抽样的结果在管制图上进行描点。管制图的管制线怎么确定呢？是分析得来的。也就是说，制程分析成功后，管制线要延用下去，用于管制。很多企业没能延用分析得来的管制线，管制图就不能表明制程是稳定与受控的。

5. 管制图没有记录重大事项

管制图所反应的是生产过程的变化，生产过程管控的要项为 5M1E。

造成产品质量波动的原因主要有六个因素——人、机、料、法、测、环，总称为 5M1E。

（1）人（manpower）：操作者对产品品质的认识、技术熟练程度、身体状况等。

（2）机器（machine）：机器设备的精度和维护保养状况等。

（3）材料（material）：材料的成分、物理性能和化学性能等。

（4）方法（method）：加工工艺、工装选择、操作规程等。

（5）测量（measurement）：测量时采取的方法的标准度、准确性等。

（6）环境（environment）：工作场地的温度、湿度、照明和清洁条件等。

5M1E 的任何变化都可能对产品的质量造成影响。换句话说，如果产品质量的变差过大，多是由 5M1E 其中的一项或多项变动所引起的。如果这些变动会引起产品平均值或产品变差发生较大的变化，那么，这些变化就会在 $\overline{X}$ 图或 R 图上反映出来，方便我们从管制图上了解过程的变动。

发现有变异就是改善的契机，而改善的第一步就是分析原因，如何知道 5M1E 中的哪些方面发生了变化呢？我们可以查找管制图中记录的重大事项。所以，在使用管制图的时候，5M1E 的任何变化，我们都要记录在图中相应的时段上。

6. 不能正确理解 $\bar{X}$–R 图的含义

当我们把 $\bar{X}$–R 图画出来之后，我们到底能从图上得到哪些有用的信息呢？首先，$\bar{X}$ 图与 R 图到底先看哪个？R 图反应的是每个子组组内的变差，即在收集数据的这个时间段，制程所发生的变差，所以它代表了组内固有的变差；$\bar{X}$ 图反映的是每个子组的平均值的变化趋势，所以其反映的是组间的变差。

组内变差可以接受时，表明分组是合理的；组间变差没有特殊原因时，表明在一段时间内，对过程的管理是有效的、可接受的。所以，一般先看 R 图，再看 $\bar{X}$ 图。

7. 管制线与规格线混为一谈

当产品设计出来之后，规格线（公差上、下限）就相应定下来了；当产品生产出来后，管制线也可以计算出来了。规格线是由产品设计者决定的；而管制线是由过程设计者决定的，是由过程的变差决定的。

管制图上点的变动只能用来判断过程是否稳定受控，与产品规格没有任何联系，它只决定于生产过程的变差。变差小时，管制线的波动幅度就变得比较窄，反之的波动幅度就变得比较宽。如果没有特殊原因，管制图中的点跑出管制界线的概率只有千分之三。有些企业的质量工程师在画管制图时，往往画蛇添足，在管制图上把上、下规格线也加上去了，以此来判断产品是否合格，这是很没有道理的，也是完全没有必要的。

8. 不能正确理解管制图上点变动所代表的意思

当我们使用 SPC 进行过程控制的时候，会用到八大判异原则。也就是说，当管制图出现八种点状分布的时候，就可以认为过程出现了特殊情况，我们必须找出点状分布异常的原因并消除，进而提前遏制不良品的产生。如果是基层员工，只了解判定准则就可以了。但质量工程师如果不理解其中的道理，就没有办法对这些情况做出应变处理了。那么其道理何在呢？异常出现就是小概率事件了。我们要知其然，也要知其所以然：如果一个产品的特性值呈正态分布，那么，点落在 A 区的概率约为 4.6%，落在 B 区的概率约为 27.2%，落在 C 的概率约为 68.2%（见图 3-8）。

可依据判异和判稳准则进行判定：

（1）判异口诀：23456，AC 连串串；81514，缺 C 全 C 交替转；9 单侧，1 点在外。

（2）判稳口诀：连续 25 点在控制线内，连续 35 点最多有 1 点出界，连续 100 点最多有 2 点出界。

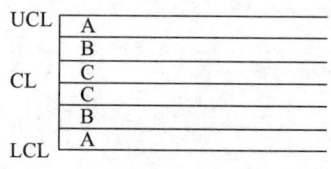

图 3-8　质量控制范围

9. 没有将管制图用于过程改善

大部分企业的管制图是应客户的要求而建立的，最多也只是用于探测与预防过程中特殊原因变异的发生，很少有用于过程改善的（有应付的嫌疑）。其实，当管制图上的点显示有特殊原因出现时，正是过程改善的契机。如果这个时候我们从异常点切入，能回溯到造成异常发生的 5M1E 的变化，问题的症结也就找到了。用管制图进行过程改善时，如果与柏拉图、层别法等结合使用，会取得意想不到的效果。

10. 认为管制图是品管人员的事情

SPC 成功的必要条件，是全员培训。每一个员工，都要了解变差、普通原因、特殊原因的概念；与变差有关的人员，都要能看懂管制图；技术人员一定要了解过度调整的概念；等等。如果缺乏必要的培训，管制图最终会被认为是品管人员的事。其实，过程的变差及产品的平均值并不由品管人员决定，更多由生产过程设计人员及调机的技术人员决定。如果不了解相关概念，大部分人都会认为：产品只要符合规格就行了。显然，这并不符合 SPC 的要求。只有品管人员关注管制图是远远不够的，需要全员参与，加强对管制图的关注。

三、第三剑（MSA）：全面扼杀天灾人祸

（一）MSA 及其基本概念

MSA——测量系统分析（measurement systems analysis），其有如下相关概念。

1. 测量

测量是按照某种规律，用数据来描述观察到的现象，即对被测对象做出的量化描述。测量是对非量化实物的量化过程，可以认为是一种用来对被测特性赋值的过程，所赋予的值称为测量值或测量结果。

2. 量具

量具即任何用来获得测量结果的装置，通常特指用在生产车间的装置，包括测量产品品质合格与否的装置。

3. 测量系统

测量系统是用来对被测特性定量测量或定性评价的仪器或量具、标准、操作、方法、夹具、软件、人员、环境和假设的集合，以及用来获得测量结果的整个过程。

4. 标准

标准是用于比较的可接受的基准。一个标准应该是一个可操作的定义,由供应商和客户应用时,在昨天、今天和明天都具有同样的含义,产生同样的结果。

5. 分辨率

分辨率是指测量装置能够测量到的最小可检出单位。测量刻度应为产品规格或过程波动的 1/10,如图 3-9 所示。

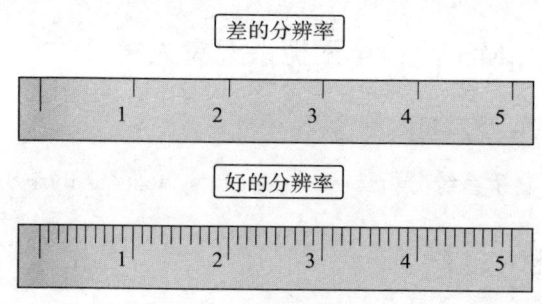

图 3-9　分辨率对比

6. 基准值

基准值是人为规定的可接受值。它是一个可操作的定义,作为真值的替代。

7. 真值

真值是被测量对象的实际值。真值其实是未知的和不可知的。

8. 偏倚

对一个被测特性的多次测量值的平均值与基准值之间的差值,称为偏倚,如图 3-10 所示。

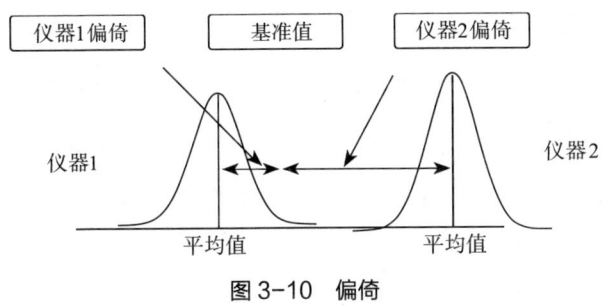

图 3-10 偏倚

9. 稳定性

稳定性是指测量系统在某持续时间内,测量同一基准或零件的单一特性时获得的测量值的总变差。稳定性随时间发生变化,如图 3-11 所示。

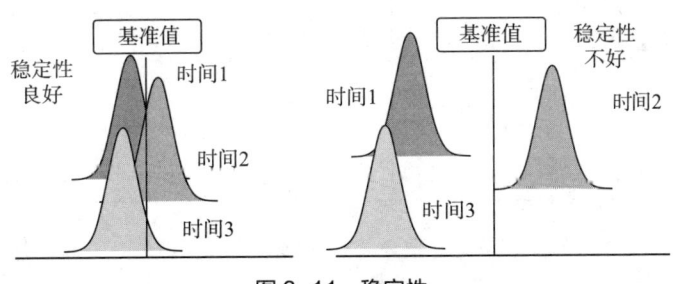

图 3-11 稳定性

10. 线性

许多量具都有一定的工作范围,即量程。当用量具在工作范围内测量不同大小的特性时,其偏倚可能是不同的,这种偏倚的变化即线性,如图 3-12 所示。

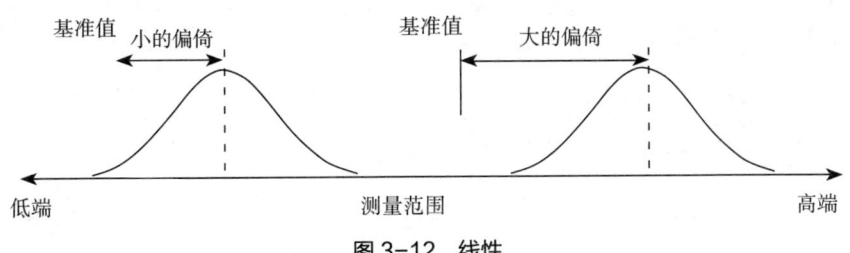

图 3-12 线性

11. 精密度

精密度即重复读数彼此之间的"接近度",测量系统的随机误差分量。

12. 重复性

重复性是指,同一评价人采用同一测量仪器,多次测量同一零件的同一特性时获得的测量值变差。重复性又称设备变差(EV),是在固定和规定的测量条件下连续(短期)试验变差,即仪器(量具)的能力或潜能对所有的随机测量结果的影响。重复性如图3-13所示。

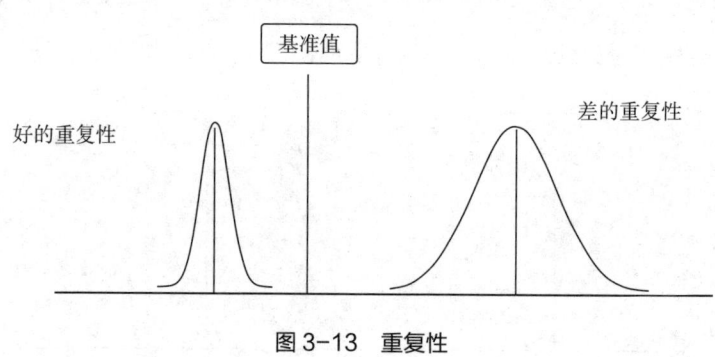

图3-13 重复性

13. 再现性

再现性是指,由不同的测量者采用相同的测量仪器,测量同一零件的同一特性时测量平均值的变差。对于产品和过程条件,可能是测量者、环境(时间)或方法的误差,再现性通常指测量者变差(AV),包括测量者使用同一测量系统的技巧和技能差别、实验室环境及方法的误差等因素造成的影响。再现性如图3-14所示。

14. GR&R

GR&R是对测量系统重复性和再现性的合成评估。

(1) GR&R>30%,表明系统不可接受。

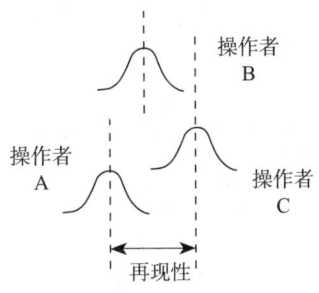

图 3-14 再现性

（2）10%<GR&R≤30%，表明系统可接受但要改进。

（3）GR&R≤10%，表明系统可接受。

（二）MSA 的重要性

如果测量的方式不对，那么好的结果可能被测为坏的结果，坏的结果也可被测为好的结果，此时不能得到真正的产品或过程特性值。所以，一定要对测量系统进行分析。

你的企业有没有遇到以下问题：

交货的时候，企业与客户对同一个产品的测量、判断出现不一致，又不敢得罪客户，该怎么办？

企业生产部门和质量部门因对同一产品的测量不一致产生矛盾，双方各执己见，一方要生产，一方不让生产，最终谁说了算？

有时被客户罚款罚怕了，为了部门和个人的利益（绩效考核），生产部门采用更严格的产品公差，以减少因与客户之间产生的差异而遭到客户投诉和罚款的风险，导致对生产线提出过高的要求，降低了生产效率，增加了生产成本。这样做该还是不该？

为了解决以上问题，有些企业制订量具的校准计划，指定专人负责量具的管理和校准。但是，单单对量具进行校准，能保证测量结果的准确性吗？

其实，要完成一项测量工作并得到一个准确的测量结果，需要把测量者、测量器具、测量的对象和产品、测量的方法、测量的环境等综合在一起考虑才能实现。我们要对以上因素组成的测量系统进行管理、研究和详细分析，建立一整套测量系统，才能保证测量结果的准确可靠，进而解决工作中遇到的困惑。通过研究和分析测量系统的变差，来保证测量结果的准确，为生产管理和品质保证提供准确的数据和依据，这才是 MSA 的价值和目的所在。

（三）什么情况下做 MSA

在以下情况中，需要做 MSA。

（1）新生产的产品存在较大的产品变差（PV）时。

（2）购买新仪器、量具（EV）时。

（3）测量操作更换新的人员（AV）时。

（四）MSA 在企业生产中的应用

在进行 MSA 的过程中，测量者容易把测量系统的分析和校准混为一谈。测量系统分析的对象是测量系统，校准的对象是校准系统；测量系统的测量者是生产线上的生产者或检验员，校准系统的校准人员是有资质的计量人员（持证上岗）；测量系统分析的研究目的是为了保证测量结果准确无误，校准系统的目的是保证量具的准确无误。

很多企业在测量管理中使用的是校准（大多数企业执行时流于形式）。人们固有的观念就是，只要仪器量具好，测量的结果就好（财大气粗的企业舍得投资高、精、尖的仪器设备）。这一观念是错误的。测试的环境条件、测试方法、测试者甚至测量对象都会给最终的测量结果带来变差和不确定性。

企业购入一个新的量具，或者建立一个新的测量系统的时候，首先要对这个新的测量系统中新的量具或者变更的量具进行校准，确保这个量具合格，然后再组织一次测量系统分析，确保由这个相关的测量者和量具组成的测量系统所产生的测量结果准确无误。这些工作做到位后，测量系统才可以投入使用。

很多企业做 MSA 的目的只是应付客户或者第三方认证机构的检查，这是自欺欺人的做法，没有理解或没有真正发挥 MSA 的作用。MSA 最核心的价值就是为了使企业的测量结果准确无误，而减少由此带来的一系列困扰、问题、客户投诉、抱怨，以及成本的增加。

第四节　实现现场管控精细化的五大方法

一、5S 管理

（一）5S 管理的由来

你服务的企业是否存在以下问题？

工作环境脏、乱、差：车间里到处是垃圾、油渍，加工过程中材料屑到处飞，切削液流得满地都是。

胶箱与纸箱凌乱摆放，有些高得像一座山，摇摇欲坠。

染着黄头发的年轻人用手动拖车转运产品时，像玩杂耍一样在有限的空隙间穿梭，时不时碰一下这儿，磕一下那儿。

正想使用的卡尺不知放在何处,到处找也找不到。

员工下了班,把粘满油污的工作服随手一挂,第二天照穿不误。

大家一边聊天一边工作,嘻嘻哈哈,做完的产品直接扔到流水线上。

到公共卫生间上厕所只能捏住鼻子,水龙头坏了没人修,臭味熏天。

……

俗话说,一流的企业,每个人都自觉维护环境的清洁,没人乱扔垃圾;二流的企业,由专人将别人乱扔的垃圾捡起来;三流的企业,每个人都随手扔垃圾,没有人捡起来。

前面讲的 5M1E,生产现场的环境、人等因素都会影响产品品质,企业必须做好这方面的管理,才能向一流企业靠拢。

企业可采用 5S 管理法,做好现场管理。

5S 的管理模式始于日本。20 世纪四五十年代以前,为了振兴日本制造业,提升产品质量,抢占国际市场,日本的质量管理专家从现场管理的角度,提出了许多有利于提高产品质量的实质性做法,这些做法包括:各种物品按规定、定量摆放整齐;经常对实物进行盘点,区分出有用的和没用的,坚决清除没有用的;确定放置场所并规定放置方法;等等。

此时,显然 5S 管理模式的系统架构尚未形成,有的只是一些零散的方法与措施,但这为 5S 管理模式的最终形成和发展积累了丰富的管理经验。

随着市场竞争的日益激烈,质量管理需求与水准不断提高,企业管理人员发现,以上手段和措施虽然简单,但长期坚持使用,对提高产品质量非常有效,于是便对这些做法进行归纳和总结,首先提出"整理""整顿"两个"S"。真正确定 5S 管理模式的是日本质量管理大师今井正明,他通过对质量管理的分析和研究,构建了 5S 管理模式的基本框架。其后,在丰田等企业的实践精进中,5S 管理逐步成为行之有效的现场管理模式。

（二）什么是5S

5S 就是整理（seiri）、整顿（seiton）、清扫（seiso）、清洁（seiketsu）、素养（shitsuke）五个方面（见图3-15）。

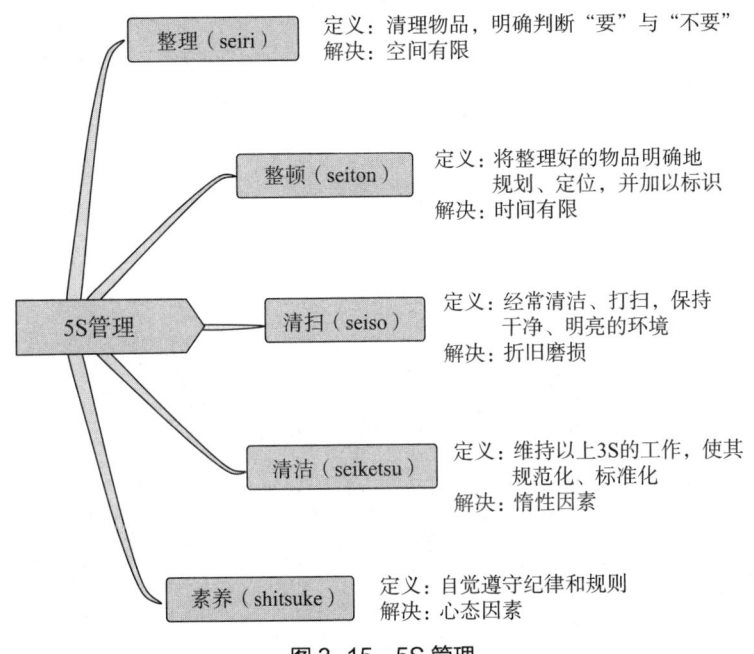

图 3-15　5S 管理

（1）整理：区分要与不要的物品，有用的留下，不需要的处理掉。

（2）整顿：有用的物品按规定的位置摆放整齐，并做好标识，进行管理。

（3）清扫：让现场保持无垃圾、无灰尘、干净整洁的状态。

（4）清洁：将整理、整顿、清扫进行到底，并且制度化。

（5）素养：通过上述活动，使员工形成良好的工作习惯，自觉遵守各项规章制度，养成爱岗敬业的职业素养，进而形成积极向上的企业文化。

通过5S管理，企业能建立"五星之家"（见图3-16）。

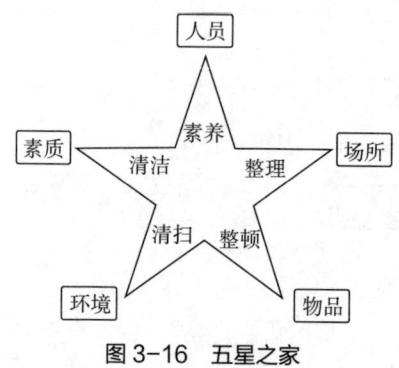

图 3-16 五星之家

二、在职培训

(一) 在职培训的定义

在职培训 (on the job training, OJT), 是指管理人员通过工作或与工作有关的事情, 有计划地实施有助于员工学习与提高工作相关能力的活动。这些能力包括知识、技能或对工作绩效起关键作用的行为, 如图 3-17 所示。

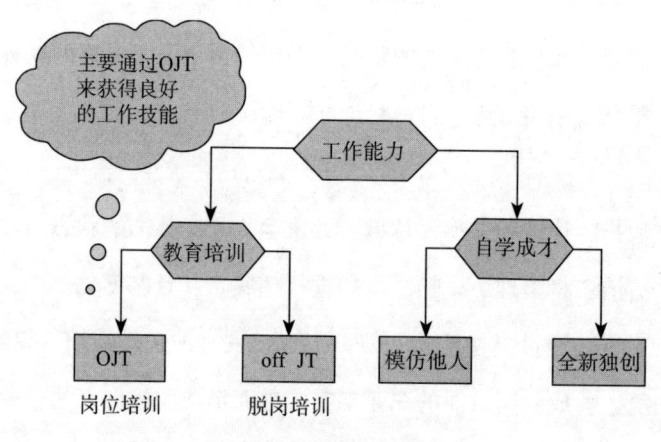

图 3-17 在职培训

(二)在职培训的六步法口诀

在职培训的六步法口诀是:

我说你听;

我做你看;

我说你做;

你做我看;

我问你答;

你做我查。

(三)在职培训的目的

在职培训的目的在于:

(1)让员工掌握培训项目中强调的知识、技能和行为,并且让他们应用到日常工作当中。

(2)帮助员工制定绩效目标。

(3)通过与员工的沟通、辅导,落实目标,改进工作流程,提高工作效率。

(四)在职培训的作用

在职培训有几个作用:

(1)在职培训将培训与工作结合,节约了时间。

(2)在职培训与外派培训和脱产培训相比,节约了培训经费。

(3)在职培训有助于建立管理者与员工的沟通渠道,增进彼此信任。

(4)通过在现场进行培训和学习,员工能更有针对性地解决问题和提高能力。

（5）管理者能对员工的能力给予肯定，并根据其能力提升程度给予奖励。

（五）在职培训的主要内容

1. 强化企业的管理制度

员工对企业熟悉以后，也许不再像初来时那样谨小慎微、循规蹈矩，思想上容易麻痹。这时要加强对企业管理制度的培训，时时提醒员工规范自己的行为，树立良好的自身形象，成为优秀的员工。只有这样，企业的形象和规范才能维持。

2. 让员工认识和认同企业文化

员工对企业有了一定的认识和了解，这时候就要用规范的企业文化来影响他，让他感受到正面、积极向上的文化，并且不受周围极少数人不正确的行为和思想的影响。

3. 提高员工学习专业技能的积极性

在职培训可采取形式多样的培训方式，不一定是集中授课，可以请培训机构的讲师讲授特殊课程，或请管理人员亲自讲课。要让员工感受到企业学习和竞争的氛围，增加其学习专业技能的积极性。

4. 让员工养成良好的工作习惯，树立崇高的职业道德

良好工作习惯的养成并不是一朝一夕的事情，企业要制定员工行为规范，让员工清晰地知道自己的行为方式必须符合企业要求，这样也有利于树立企业的正面形象和积极向上的企业文化。

5. 树立员工对企业的信心，增强团队的凝聚力和员工的忠诚度

管理者要主动亲近员工，赢得其信赖和尊重，指导员工才可能成功。

三、现场防错防呆系统

(一)什么是防错法

防错法,即通过一种"傻瓜式"的方法,运用防错技术或装置,替代依靠工人完成重复劳动,消除产生差错的条件或者降低出错概率,进而杜绝缺陷。

其广义的理念是如何进行设计,使错误出现的概率降至最低;狭义的理念是,如何进行设计,使错误绝对不会发生。

更具体地说,狭义的"防错法"是:

(1)具有即使有人为疏忽也不会发生错误的构造——不需要注意力。

(2)具有外行人来做也不会错的构造——不需要经验与直觉。

(3)具有不管是谁或在何时工作都不会出差错的构造——不需要专门的知识与高度的技能。

(二)防错法的应用

20世纪70年代,日本的质量管理专家、著名的丰田生产体系创建人新江滋生根据其长期从事现场质量改进的丰富经验,首创了poka-yoke(日文意思是防范差错)的概念,并将其发展成为用以获得零缺陷,最终免除质量检验的工具。如今,防错法在中国的一些企业也有所应用,并取得了明显的成效。防错法的思想精髓是"零缺陷"。应用防错法,制造零缺陷产品已经成为企业的共识。防错法的核心思想是,以人为本,预防为主,差错是可以避免的,零缺陷是可以实现的。

任何产品和服务都是经过人、机器、材料、方法、环境、测量等要素整合形成的,任何一个环节出问题都会导致差错的产生(见表3-4)。而所有环节中,人是占主导地位的,也是最容易出错的。

表 3-4　缺陷来源：5M1E

缺陷来源	常见问题	解决方法
人	犯错误	培训、惩罚、防错
机器	设备精度不够	购置精度更强的设备
	故障、磨损、漂移	精益化生产（TPM），SPC
材料	批次不稳定	入库检验，SPC，供应链管理
方法	非最优	质量功能配置（QFD），实验设计（DOE），FMEA
环境	变量干扰	稳健实验设计（robust DOE）
测量	稳定性不佳	MSA，GR&R

通常，我们把人为差错分为人为技能差错、人为规则差错和人为知识差错。

人为技能差错主要是操作者对操作技能不熟练或不会操作所致。

人为规则差错主要是操作者不按规则操作所致。

人为知识差错主要是操作者对操作对象的原理和相关知识不了解或知之甚少所致。

在一些中小企业中，管理人员不断地告诉员工要细心和专心，并通过培训和惩罚来避免错误的发生。实践证明，这些防范措施并非长期有效。

一家世界 500 强的日用品企业，在其香皂流水生产线上，发现有空的包装盒（没有装入香皂）流入包装箱，造成客户投诉的情况。企业立即成立整改小组，组织生产、技术、质量、设备等多部门的人员参与，成功解决了问题。解决方案是在终端流水线增加一台称重设备，该设备能自动将重量超出设定公差的包装盒剔除生产线。整改小组经过跟踪验证，确定了该设备检测结果的可靠性，最终在企业的其他工厂推广使用。

中国某生产香皂的乡镇企业，发生了同样的问题——空的包装盒入箱。老板立马找到车间主任，命令其立即解决这个问题。车间主任在生产线琢磨了半天，从库房里拖出了一台电风扇放在流水线边上，调整了上下距离和风速，风扇的风刚好可以将空盒子吹下来，老板看后满意地走了。

两家企业，一家是世界500强，一家是乡镇企业，同样的问题，两种解决方法，孰高孰低？大家一定会争论。有些人会给车间主任竖大拇指，可能还会想：这家世界500强企业钱太多了，一台电扇能搞定的事，何必大动干戈呢？

打住，先别争论。我们先从这个案例中，梳理出几个重要概念——成本（对老板）、方便性（对员工）、稳定性（对于解决问题），从这三个概念中，我们是否都不约而同想到了"防错"呢？这就是企业推行防错法的缘起。

从事过企业管理的人都有这样的经验，企业无论是推行精益生产、实施六西格玛管理，还是贯彻IATF16949质量管理体系，都要用到防错法。防错法是工业生产普遍运用的一种非常好的质量管理方法。

四、标准作业程序

（一）标准作业程序简介

标准作业程序（standard operation procedure，SOP），就是将某一事件的标准操作步骤和要求以统一的格式描述出来，用来指导和规范日常工作的程序文件。

SOP是一种标准的作业程序。所谓"标准"，在这里有"最优化"的意思，即不是随便写出来的操作程序都可以被称作SOP，一定是要经过不断实践总结出来的,在当前条件下可以实现最优化的操作程序设计。

SOP不是单个程序,而是一个体系。虽然我们可以单独定义每一个SOP,但从企业管理的角度来看,SOP必然是一个整体,也是企业不可或缺的管理体系之一。

SOP是一种作业程序,是标准作业指导书。SOP是一种操作层面的程序,是实实在在的、具体可操作的,不是理念层次上的东西。按ISO9000体系的标准,SOP属于三级文件,即作业性文件。

(二)SOP的作用

SOP是企业最基本、最有效的管理工具和基础文件,它的作用在于:

(1)将企业积累下来的技术、经验记录在标准文件中,避免因技术人员的流动而导致技术流失。

(2)使操作人员经过短期培训,快速掌握较为先进合理的操作技术。

(3)根据作业标准,易于追查不良品产生的原因。

(4)有利于企业树立良好的形象,取得客户的信赖,提升客户的满意度。

(5)是贯彻ISO精神核心(说、写、做一致)的具体体现,有助于实现生产管理规范化,生产流程条理化、标准化、形象化、简单化。

(三)应用SOP时常见的问题

1.SOP过于简单,步骤和要求描述不清楚,导致员工看不懂

SOP是写给作业员看的,一份好的SOP是任何识字的人都可以看懂的,即使是打扫卫生的清洁工,也要看得懂(祖母测试法)。

SOP从动作的开始到动作的结束,对中间的每一个动作、每一个规格都要有详细的说明,对每一种现象都要有良品和不良品的图片示例。生产过程中出现的所有问题,都要在SOP中有详细的定义,才能让所有的员工看得懂。员工不会产生任何疑问，才能按照 SOP 进行作业。

2. SOP 内容不合理

SOP 中的每一个流程、步骤，在定义的时候都应该有依据，而不是写 SOP 的人依个人的想法随便定义的。同时，这些定义要让员工易于理解并方便操作。

（四）SOP 编写指南

1. SOP 编写流程

SOP 的编写流程如图 3-18 所示。

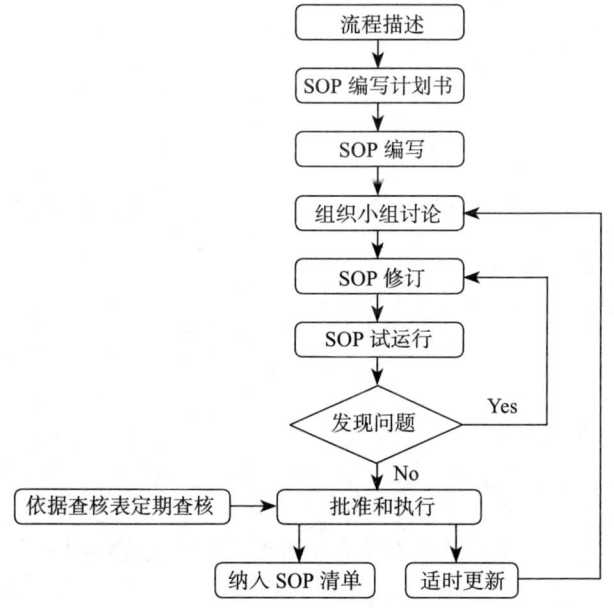

图 3-18　SOP 的编写流程

2. SOP 编写计划书

SOP 编写计划书，要明确 SOP 的编号、工序名称、编写人、初稿完成时间、小组讨论时间及最终的定稿时间。

3. SOP 编写人员

SOP 的编写人员应符合以下要求：

（1）IE 工程师或车间技术员主笔。

（2）吸收有操作经验的一线员工参加。

（3）具备沟通能力，便于征集大家的意见。

（4）有相应的培训能力。

（5）相互协助，能抽出一定的时间编写、收集并提供相关资料。

4.SOP 的讨论修订

SOP 的讨论修订应注意以下事项：

（1）统一认识，达成共识。

（2）组织讨论会，参与人员应包括操作员、设备员（维修人员）、工艺员、品管人员、编写组负责人及 1~2 名与本岗位无关的人员。

（3）讨论会要公平公开，各抒己见，必要时在现场进行验证和确认。

5. SOP 的试运行

对 SOP 进行试运行的意义在于，通过实践来检验 SOP 的合理性和可操作性。

6. SOP 的批准和执行

SOP 的批准执行应遵循如下步骤：

（1）建立与 SOP 相应的查核表（班组长、IE 工程师两级查核）。

（2）指定专人定期查核。

（3）进行关键工序控制点回顾（critical process control point review，CPCPR）。关键工序是对产品质量起重要、关键作用的工序，通过建立关键工序控制点并实施严格的质量控制，可以提高产品质量的过程控制能力。CPCPR 的示例如表 3–5 所示。

/ 第三章 现场管控精细化 /

表 3-5 装料作业指导书（参考）

文件名称	装料作业指导书	文件编号	×××-3WJZ-007	版本	A/0
制作部门	五金包装	修订日期	2018.3.13	页数	第1页，共1页
作业步骤					
1. 操作前根据不同产品准备手套、手指套、工具或检具等					
2. 根据产品不同的包装仕样书进行备料（如PO袋、汽车垫、纸箱、双灰纸、封箱器及胶带等）					
3. 检验项目					
A类：压伤、严重划伤、折弯脱皮、字唛不清晰、字唛不符、漏定唛、表面氧化、生锈					
B类：多孔、少孔、多料、孔冲偏、抽芽孔有铁丝、堵孔、孔位变形、批锋超高					
C类：折弯成型R角不符、R角不够、料面反弹、台位高度超差、台位拉裂、拍平脱丝					
D类：多钉、少钉、钉歪、钉松、钉压扁、错钉、钉压反、六角偏斜					
E类：尺寸不符、用错材料、漏工序、焊接错点、脱焊、攻丝不到位、虚焊					
F类：螺丝用偏、漏打螺丝、打滑牙、攻丝烂牙、攻丝滑牙、攻丝不到位、漏攻丝					
G类：根据客户产品的重点项目要求委全验（如平面度、角度、热缩管后底/高等）					
4. 根据客户的格式要求打上现品票和贴上环保标示（如图1、图2和图3所示）					
5. 包装完后检查					
包装多数、包装少数（如采取电子秤称重）、漏贴现品票、现品票错误、现品票贴在正确的位置、现品票与实物不符、混料					
图1 其他客户贴现品票和"ROHS"贴位置"ROHS"贴上一个版本是"2002/95/EC"		图2 TCL客户贴现品票和"ROHS"贴位置，"ROHS"贴上一个并目版本是"2011/65/EU"		图3 三洋现品票和"环境对应"位置	
					图4
					外观检查注意事项：产品划伤、压印不良的检验及判定依据，参照划伤/压印外观限度样板进行检验和判定（如图4所示是三洋1AA2SHA0181——划伤外观限度样板）
本次修订摘要			制作	审核	批审
增加三洋产品限度样品使用			吴万灯		
×××-3WJZ-007					××有限公司

7. 适时更新

当工艺要求、设备状况等发生改变，操作方法改进时，要对 SOP 进行评审和及时更新。

定期按评审计划，组织人员对 SOP 进行评审，并将评审结果纳入更新内容。

将正式发布的 SOP 列入 SOP 清单。SOP 清单如图 3-19 所示。

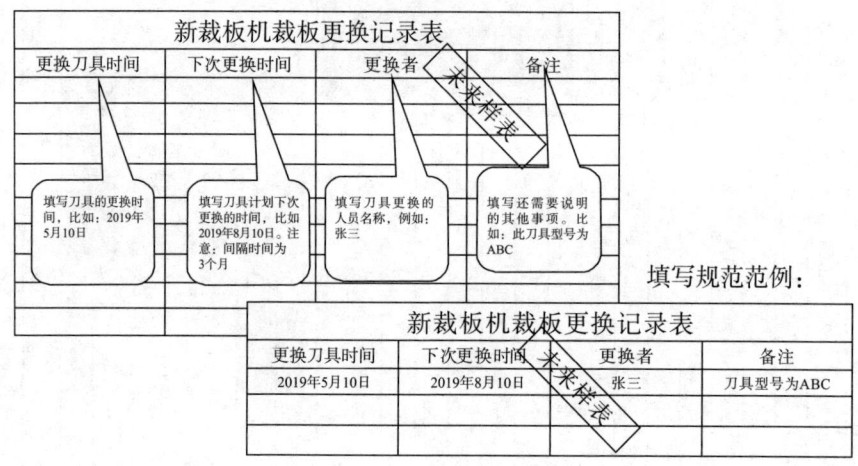

图 3-19　SOP 清单范例

8. SOP 相关链接

（1）标准工时。

标准工时的设定有两种：测量法和动作分析法。

测量法对现有工序进行测量并收集作业工时，为后续改进和制定标准工时积累原始数据。

动作分析法根据标准动作计算得出的时间，加上学习曲线、宽放等，制定标准工时。动作分析法的标准动作，在 SOP 中要得到体现，标准工时也可参照 SOP 中的节拍时间去制定。

（2）产线平衡。

产线平衡分析法是通过分析各工位的作业时间，找到改善的地方和改善方法，进而优化并修改 SOP 的方法。

（3）工装夹具的制作。

在编制 SOP 的时候，要充分考虑作业的难易程度，制作适当的工装夹具。制作工装夹具时，要兼顾产线平衡并确定标准工时。

（4）人力需求。

编制 SOP 时，要根据生产工位确定作业员的数量，配合设备和工装夹具的使用确定最合适的作业人员，同时保证产线和上下工序的动平衡。

（5）质量及过程控制。

在编写 SOP 时，要把关键工序和关键参数标注清楚，以引起员工的特别关注，同时将其作为质量与过程控制的重点，提高产品质量和过程控制的能力。

（6）物流、产线设计。

SOP 中需要明确地标示出各工位需要的物料，编制时要清楚各物料体积大小，要根据生产线的不同，制定各物料合适的周转和防护方式，同时兼顾产线的动平衡。

（7）现场 5S 管理。

SOP 中涉及设备、生产线、工装夹具、物料摆放等多方面的工作和工序之间的衔接，根据 SOP 去控制现场的 5S，也是做好现场 5S 管理的重要一环。

有人说，企业要有两本书：一本是红皮书，即企业的经营战略；一本是白皮书，即 SOP。SOP 不仅仅是一个指导现场作业的三级文件，它包含了整个生产现场，也包含了整个工艺流程、品质管控过程，还涉及更多的工业工程知识的应用。编写 SOP，需要从整个工艺过程去考虑，要兼顾各个工位之间的关系，要考虑生产计划的整体平衡，要统筹物流和线体设计，等等。编写好 SOP，要有从大处着眼、从细处入手的观念，一定要做到量化和细化。因此，编制 SOP，对提高一个人的综合能力很有益处。

五、精细化管理中的激励手段

为了达成企业战略规划和年度目标的实现，在绩效考核的基础上，可以成立精细化管理专职团队，设置各类奖项，奖优警劣，调动员工的积极性，实现企业的目标。

为了让激励更有效，企业需要用理论指导实践，以下先介绍常见的与激励相关的理论，再具体指导企业在实践中该如何操作。

（一）激励理论简介

1. 马斯洛需求层次理论

马斯洛需求层次由低到高，为生理需求、安全需求、社会需求、尊重需求、自我实现需求。

五层需求彼此联系，依次递进。当低层次的需求相对满足之后，高一层次的需求就会成为主导。一个人一般会同时存在几种层次的需求，但会有一个是主导需求。

较低层次的需求偏物质生活，需求弹性较小；较高层次的需求偏精神生活，需求弹性较大。在社会发展水平不断进步的情况下，社会需求、尊重需求、自我实现需求已经成为重要的需求。

在企业管理实践中，当员工的低层次需求是主导需求时，不能忽视个别员工高层次需求的满足；当员工的高层次需求成为主导需求时，也不能忽视个别员工低层次需求的满足。

2. 双因素理论

双因素理论又称"激励－保健理论",如图3-20所示。

图3-20 双因素理论

双因素理论的价值在于区分哪些因素具有激励效应。

尽量不要把激励因素变成保健因素,否则不但起不到激励作用,反而可能造成员工的不满。

3. 弗洛姆的期望理论

期望理论又被称为"效价－手段－期望理论",该理论认为,一个目标对人的激励程度受两方面因素的影响。

(1)目标效价:主观判断达到目标对满足个人需求的价值。效价高,个人积极性就高,反之则低。

(2)期望值:对达成目标的可能性的主观估计。可能性大则激励作用大,反之则激励作用小,甚至没有效果。

期望理论告诉我们,在进行激励机制设计时,激励内容、激励方式应符合员工的真正需求,同时,在制定绩效目标时,应充分考虑内外部环境因素，使员工对目标的完成抱有足够的信心。

4. 斯金纳的强化理论

斯金纳的强化理论，包括三个方面：强化、惩罚、消退（见图 3-21）。

强化，指对一种行为的肯定或否定的后果（奖励或惩罚），至少在一定程度上会决定这种行为在今后是否会重复发生。通俗来说，当一个人的行为后果对他有利时，他就会重复这种行为；反之，他就会减少或停止这种行为。

在管理上，可以把强化分为正强化和负强化。正强化就是奖励企业需要的行为，从而加强这种行为，它可以看作给予一个愉快的刺激，包括给予奖金或表扬、改善工作条件、晋升、安排有挑战性的工作、给予学习和成长的机会等。负强化则是减少不愉快的刺激，来加强某种行为。比如，通过撤销批评、处分，恢复减少的奖金等，来肯定某种好的行为。

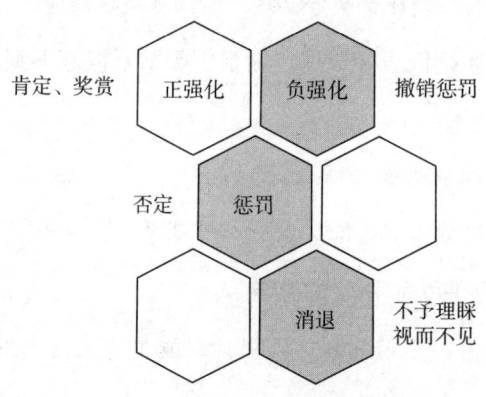

图 3-21 斯金纳的强化理论

惩罚，即给予一个不愉快的刺激，以减少或消除不良行为的发生。惩罚包括降级、扣发奖金、批评等。

消退，即对企业不提倡的行为采取不理睬的态度，以降低其发生的频率。

企业在应用强化理论时,应注意两点:

(1)对事不对人,不针对人,不伤害自尊。

(2)通过对员工的行为强化激励,培育企业形成良好的企业文化。

5. 亚当斯的公平理论

公平理论是研究劳动报酬分配的合理性、公平性对员工工作积极性的影响的理论。该理论认为,人的工作积极性不仅与个人实际报酬多少有关,而且与人们对报酬的分配是否感到公平关系更为密切。

与他人比较,用A表示"自己对本人所获报酬的感觉",用B表示"自己对他人所获报酬的感觉",基本公式为:

A=B,员工会感觉公平,工作处于稳定状态。

A<B,员工会感到不满意,一般会减少自己的投入或要求更多的报酬。

A>B,员工开始感到满意,但不会增加自己的投入或降低自己的报酬。

公平理论提醒我们注意以下几点:

(1)信息要公开,信息公开的好处是能为管理带来促进作用,增加公平感。

(2)不光要关注结果公平,更应关注过程公平,只有过程公平,员工才会对结果信服。

(3)考虑公平要结合企业现状及发展阶段的要求。

(二)企业如何激励员工最有效

1. 企业的发展需要员工的支持

管理者应懂得,员工绝不仅是一种工具,其主动性、积极性和创造性会对企业的生存发展产生巨大的作用。而要取得员工的支持,就必须对员工进行激励。要想激励员工,又必须了解其动机及需求。每个管理者首先要明确两个基本问题：其一，没有相同的员工；其二，在不同的阶段中，员工有不同的需求。

2. 管理者要将以下几种激励方式结合使用

（1）金钱激励。

相同数量的金钱，对不同收入水平的员工有不同的价值。同时，对于某些人来说，金钱总是极为重要的，而另外一些人可能不那么看重金钱。一个人对他所得的报酬是否满意，不是只看其绝对值，而要进行社会比较或历史比较。通过比较，判断自己是否得到了公平对待，从而决定自己的情绪和工作态度。

使用金钱激励，必须反对平均主义，平均分配等于无激励。除非员工的奖金主要是根据个人业绩来发的，否则就算企业支付了奖金，对员工也不会有很大的激励作用。

（2）目标激励。

目标激励就是确定适当的目标，诱发员工的动机和行为，达到调动员工积极性的目的。目标作为一种诱引，具有引发、导向和激励作用。一个人只有不断开启对高目标的追求，才能激发其奋发向上的内在动力。实际上，每个人除了金钱目标，还有如权力目标或成就目标等其他目标。管理者要将每个员工内心深处的这种目标挖掘出来，并协助他们制定详细的实施步骤，在随后的工作中引导和帮助他们努力实现目标。当员工强烈和迫切地需要实现自身某一目标时，他们就会对企业的发展产生热切的关注，对工作产生强大的责任感，不用别人监督就能自觉地把工作做好。可以说，在这种情况下，这种目标激励会产生强大的效果。

（3）尊重激励。

我们常听到"公司的成绩是全体员工共同努力的结果"之类的话，表面看起来，管理者非常尊重员工，但当员工的利益以个体方式出现时，管理者又会以全体员工整体利益为由加以拒绝。他们会说"我们不能仅顾及你的利益"或者"你不想干就走，我们不愁找不到人"之类的话，这时员工就会觉得"重视员工的价值和地位"只是口号。显然，如果管理者不重视员工感受，不尊重员工，会大大打击员工的积极性，使他们仅仅为了获取报酬而工作，激励作用被大大削弱。懒惰和不负责任等情况将随之发生。

现代管理理论和实践都指出，在员工激励中，正面激励的作用远大于惩罚。越是素质高的人员，淘汰对其产生的负面作用就越大，因此，企业需要提倡尊重激励。

（三）企业激励手段示例

以下是一些具体的激励手段，仅供参考。

（1）设立团队"钻石大奖""黄金大奖"。

（2）设立个人"优秀教练""最佳参与""最佳进步"奖。

（3）所有管理流程策划及培训完成后将会进行考试，考试分为A、B卷，A卷开卷，B卷闭卷，董事长以下人员全部参加考试，根据考试结果进行评估。对结果的处理保证以奖励为主的基调。

（4）在制定奖励制度的同时也制定惩罚制度，但惩罚制度只起警示作用。

"精细化"语录

1. 人是一切问题的根源，只要是有人、有设备、有物品流动的地方，就需要建立 SOP。

2.无标准不工作。管理者必须确保标准的正确性，接下来就是一切按标准执行。

3.世界上没有对错，只有因果。

4.武功再高，也怕菜刀；工具再多，也需实操。

5.理念不对，工具再强，武功再好，也会走火入魔，武功全废。

6.新时代只有员工问题，没有问题员工。管理者要给员工试错的机会，对员工的问题要指正，不要指责。

第四章

数据管控目标化

第一节 数据管控目标化的相关概念

一、数据

（一）数据的定义

数据是科学实验、检验、统计等所获得的和用于科学研究、技术设计、查证、决策等的数值。

（二）大数据的定义

大数据指无法在一定时间范围内用常规软件工具进行捕捉、管理和处理的数据集合，它是需要用新模式处理才能具有更强的决策力、洞察发现力和流程优化能力的海量、高增长率和多样化的信息资产。

1. 大数据的特点：5V

（1）大量（volume）。

（2）高速（velocity）。

（3）多样（variety）。

（4）价值（value）。

（5）真实性（veracity）。

2. 大数据对企业的作用

大数据并不在于"大"，而在于"有用"。对企业而言，大数据可以提高工作效率，降低企业成本。企业要实行绩效管理，必须用到各种各样的数据，企业要提高数据质量，必须进行数据管理。要利用各种技术工具汇集企业的大量数据，将数据清洗和规范化，并导入数据库中。然后，通过报表和分析技术，将数据制作成各种报表并计算各绩效目标的达成情况，供企业经营者进行市场分析，做出管理决策之用。

（三）数据、信息、知识

1. 数据是还没有加工的数字和事实

我们在看到数据时，一定要找出数据之间的关联性，处理好数据的生成和传输存储，让数据变成有用、有价值的信息。如果数据不能转化为有价值的信息，就仅仅是冷冰冰的数字而已。

2. 信息是经过处理和鉴别的数据

信息比数据进一步，是处理过的数据。信息是做决策的依据，所以必须从数据过渡到信息。但是拥有了信息不等于就拥有了知识。

3. 知识是鉴别过的信息

知识对企业的经营有真正的帮助。数据是未加工的、客观的事实；数据经过加工，变成信息；信息再加以鉴别，才成为知识。所以要对企业生产经营活动中产生和收集到的大数据进行管控，并转化成各种目标进行绩效管理。把数据知识应用到企业经营活动中，就会形成企业经营管理智慧。

二、数据管控的意义

企业进行数据管控的意义在于：

（1）问题发生，要采取对策之前，一定要有数据作为依据。

（2）让人清楚使用数据的目的。

（3）确保对数据的整理过程中，改善前与改善后所具备的条件是一致的。

（4）便于数据收集完成马上投入使用。

三、确定数据的依据

生产过程中的数据一般从三方面确定。

1. 计量数据

长度、时间、重量等测量所得数据即计量数据，也称计量值（连续不间断）。

2. 计数数据

以缺点数、不良品数做计算的数据即计数数据，也称计数值（离散性数据）。

3. 定性数据

以人的感觉判断出来的数据即定性数据。例如，水果的甜度或衣服的美感等。

四、绩效数据管理

企业实行绩效考核和绩效管理，无法回避如何设定指标、如何量化指标等问题。数据客观有效、支持绩效衡量，是绩效管理的基础和前提，数据是支撑绩效衡量与分析的基础。

绩效考核，也称绩效考评，是针对企业中每位员工所承担的工作，通过应用各种科学的方法,对员工的工作行为、工作效果及其对企业的贡献或价值进行考核和评价,并将评价结果反馈给员工的过程。

绩效管理是对绩效实现过程中各要素的管理,是基于企业战略的一种管理活动。绩效管理是通过对企业战略的建立、目标的分解、业绩的评价,将绩效成绩用于企业日常管理活动中,以激励员工持续改进业绩,最终实现企业战略及目标的一种管理方法。绩效管理的目的在于提高员工的能力和素质,从而改进并提高企业的绩效水平。

(一) 绩效数据在绩效管理中的作用

绩效数据对于绩效管理的支持作用主要体现在衡量和分析两个方面。业绩好坏需要指标衡量,而指标衡量需要数据作为基础。个人和部门业绩是否理想?影响业绩的主要因素有哪些?哪些是正向的,哪些是负向的?要判断和分析这些问题同样需要绩效数据作为基础。

(二) 绩效数据的分类

根据绩效数据运用的不同层次,可将绩效数据划分为组织数据、流程数据、职位数据,以及供应链数据。

1. 组织数据

组织数据是反映组织整体状况的相关数据。如某产品的市场占有率、品牌价值、员工满意度等。组织数据用于概括组织整体状况,但由于结构的差别或侧重不同,数据口径和具体统计方法会有所差别,所以对组织数据要灵活运用。

2. 流程数据

流程数据是用以表达流程效率的相关数据,通常从时间、质量、成本、风险四个方面来考虑。例如平均送货周期、平均生产周期等。流程是组织运转的基本形态，对于组织绩效管理而言，流程数据也是绩效数据的核心所在。

3. 职位数据

职位数据就是履行个人岗位职责后产生的绩效相关数据。比如个人出勤率、个人产值等。职位是组织构成和流程运行的最小组成单元，因此职位绩效数据也是最为基础的信息。

4. 供应链数据

供应链绩效管理，可以根据供应链研究的权威机构柏亚天（PRTM）咨询公司提出的度量供应链绩效的11项指标，界定供应链绩效数据：交货情况、订货满足情况、完美的订货满足情况、供应链响应时间、生产柔性、总物流管理成本、附加价值生产率、担保成本、现金流周转时间、供应周转的库存天数和资产周转率。

以上四个层面的数据体现了整体与局部相互支撑的关系，即职位数据的综合特征或最后环节支撑流程整体绩效特征数据，反映流程整体效率及特征；流程效率数据最终反映组织整体效率。

（三）绩效数据的来源

绩效数据通常来源于数据集中管理部门和日常的记录、检查。

1. 数据集中管理部门

每个职能部门都会收集、管理与本部门职能相关的大量数据。如财务部会集中记录并管理财务数据，人力资源部会集中记录并处理大量的人事数据。

2. 日常记录、检查

日常绩效管理的过程中，直接管理者应该对关键、重要的过程信息和数据进行记录，以便在绩效考核时做到心中有数。管理者要把握好管理细化的"度"，过细的及不必要的细化管理有可能造成员工对绩效管理的抵触，并导致员工提供不真实的数据。

（四）数据管理过程中的主要职责

对数据的管理主要有三方面的职责。

（1）数据录入：指直接将基础数据进行记录、输入。比如每天产量的录入、人事信息的输入等。

（2）数据汇总：指对绩效数据进行汇总、整理并进行简单归纳及核实。如人事专员汇总上报的员工流失率、财务人员及时汇总的费用明细等。

（3）数据审核：部分数据因其重要程度或容易产生偏差，需要对其进行审核与核实。

（五）绩效数据管理应注意的问题

绩效数据的管理，应注意以下问题：

（1）绩效数据管理是实现全员人力资源数据管理的重要环节，全员绩效管理的重要前提就在于绩效数据管理的全员化。

（2）避免追求无效量化和过度准确。绩效管理推进之初，许多管理者可能会片面追求量化管理，对绩效指标进行过度量化并寻求数据支撑。在不可能做到足够精确的地方要求精确，这很可能造成不精确。它不仅会对工作产生误导，也容易打击员工的工作积极性。特别是对于开拓性、创新性的工作，采集数据、跟踪进展是有必要的，但简单用于考核可能会出现事与愿违的结果。

（3）避免使数据管理成为额外工作。数据是组织、流程运行过程中自然产生的，数据管理不过是对流程信息的记录和整理，不应成为相关部门的额外工作甚至负担。

（4）数据有效提取的前提是流程规范化和数据管理者对数据本质的充

分认识，绩效数据管理效率不佳的原因往往是基础业务流程不清晰、精细化程度不够或职责履行不到位。提高数据管理效率，可以借助有效的ERP信息化管理工具。

五、关键绩效指标

关键绩效指标（key performance indicator，KPI）是衡量员工绩效表现的量化指标。KPI来自对企业战略目标的分解：首先将指导性的战略目标分解到部门和员工层面，再转化为可操作的工作目标。与传统的绩效管理体系相比，以KPI为核心的绩效管理体系可以使部门主管明确部门的主要责任，并在此基础上制定部门人员的业绩衡量指标。建立明确的、切实可行的KPI体系，是企业做好绩效管理和考核的关键。

绩效指标是一种行为信号，通常是以量化的形式来表述某种活动特征的一种测量工具。这种测量既可以是绝对性的，也可以是相对性的。

（一）绩效指标的设计原则

设计绩效指标要遵循五个原则。

1. 具体的（specific）

绩效指标要切中特定的工作目标，不是笼统的，而应该适度细化，并且随环境变化而发生变化。

2. 可度量的（measurable）

绩效指标是数量化的或是行为化的，同时，需验证这些绩效指标的数据或信息是可以获得的。

3. 可实现的（attainable）

绩效指标在付出努力的情况下是可实现的。强调这一原则，主要是为了避免设立过高或过低的目标，从而失去设立该考核指标的意义。

4. 现实的（realistic）

绩效指标是实实在在的，是可以证明和观察得到的，是现实的而并不是假设的。

5. 有时限的（time-bound）

绩效指标要限定在一定的时间单位内，即设定完成这些绩效指标的期限，这也是关注效率的一种表现。

（二）绩效指标的设计方法

1. 基于企业经营目标分解的设计方法

基于企业经营目标分解的设计方法是，为完成战略任务而将企业经营目标逐层分解到每个部门及相关人员的指标设计方法。通过这种方法得到的指标，所考核的内容都是每个人最主要的且必须完成的工作。

2. 基于工作分析的设计方法

通过职务说明书或岗位职责说明，可以把多种类型的工作分成"必须做"（must）、"应该做"（ought）和"要求做"（need）三种。基于工作分析的设计方法就是找出必须做、可衡量的工作，并把它们设为绩效考核的指标。

3. 基于综合业务流程的设计方法

基于综合业务流程的设计方法是，根据被考核对象在流程中所扮演的角色、肩负的责任，以及同上游、下游之间的关系，确定衡量其工作的绩效指标的设计方法。

（三）根据企业战略目标制定企业级 KPI

企业中高层需要首先明确企业的战略目标，然后确定企业达成战略目标需要完成的子目标，再将战略子目标汇总、分解，确定企业级 KPI。

例如，某企业的战略目标是做本行业的领头羊，那么它的战略子目标就要从科研创新、高效生产、品质一流、服务第一等方面确定。为了达成战略子目标，需要将每个子目标再分解，确定 KPI。

例如，高效生产这一子目标可以分解为精细化的生产流程、预防为主的安全管理等。

特别强调的是，企业 KPI 应该与企业的核心竞争力相联系，不能人云亦云，需要结合企业的过去、现状与未来，认真思考本企业需要依靠哪些关键因素才能获得或持续成功。

（四）明确企业业务流程目标

很多管理者会认为，确定好企业级 KPI 后，下一步就是将企业级 KPI 分解到各个职能部门。可能你忘了，企业的战略子目标需要客户（市场）的主要业务流程的支持才能达成。企业级 KPI 在分解到部门的过程中，会涉及支持各个战略子目标的业务流程。假如主导性业务流程不清晰，KPI 在部门层面的分解势必会遇到阻碍，或目标制定得不够合理。因此，在分解部门级 KPI 之前，还需要明确企业主导业务流程目标。

在明确业务流程目标时，首先可以借助头脑风暴分析法和鱼骨图等工具，在战略子目标与企业的主要业务流程之间建立关联，确认各战略子目标的支持性业务流程。然后需要确认在支持战略子目标达成的前提下，各业务流程自身的目标是什么。

在这一步骤中，企业建立了业务流程与职能部门之间的关联，从而在部门层面建立起流程、职能与业绩指标之间的关联，在企业总体战略目标和部门绩效指标之间建立联系。

（五）制定部门级 KPI

通过上述环节建立起企业战略目标、业务主导流程、职能部门之间的联系后，再确定部门级 KPI。

企业可以将企业级 KPI 直接下落到某个部门，成为部门级 KPI。大多数指标需要几个职能部门合作执行，因此应将其进一步分解，使之成为部门级的可执行指标。特别需要部门负责人确认的是，企业级 KPI 分解到本部门的指标，能否合理、科学、有效地执行。

各个部门要根据部门级 KPI、业务主导流程及各岗位职责，再确定员工或岗位级 KPI。员工级 KPI 要能够准确反映其所在岗位的绩效，并与其行为建立强关联。

上述步骤最终把企业级战略目标分解为可执行的指标，落实到员工身上，成为员工个人的工作目标。

经过上述流程建立起来的 KPI 体系，可以实现企业战略、业务流程、各职能部门与个人目标的统一。然而市场是变化的，企业的发展亦处于动态发展中，企业应当根据外界条件、自身发展情况，及时对 KPI 进行评审、调整、更新，制定出符合企业当下及未来需要的 KPI 体系。

第二节　数据管控目标化的落地

一、基础数据库的确定

明确制定企业运作层面的数据控制目标，会对提高企业运作的效率起到关键作用。

基础数据库的详细内容如表 4-1 所示。

表4-1 基础数据库

内容说明	工作目标	工作方法	工作成果
• 根据诊断结果与调研结果，在确定企业部门运作流程的基础上，确定各流程的数据管控指标及目标；建立基本的数据库，并确定数据的检讨层级及责任 • 对数据库中的系统元素进行定义，并形成系统元素手册，将此标准化后进行培训 • 在各相关部门对系统元素进行安装，并初步收集基础数据 • 系统小组对收集的数据进行稽核汇总，并指导各部门数据收集过程中的问题点	• 确定企业的数据库 • 确定数据的检讨制度 • 基础数据的收集整理	• 专题研讨会 • 一对一的重点访谈 • 牛皮纸法 • 三色笔法 • 资料研究 • 案例标杆 • 问卷调查法	• 数据库清单 • 数据管控手册

二、企业数据库建立的操作流程

企业数据库建立的操作流程，如图4-1所示。

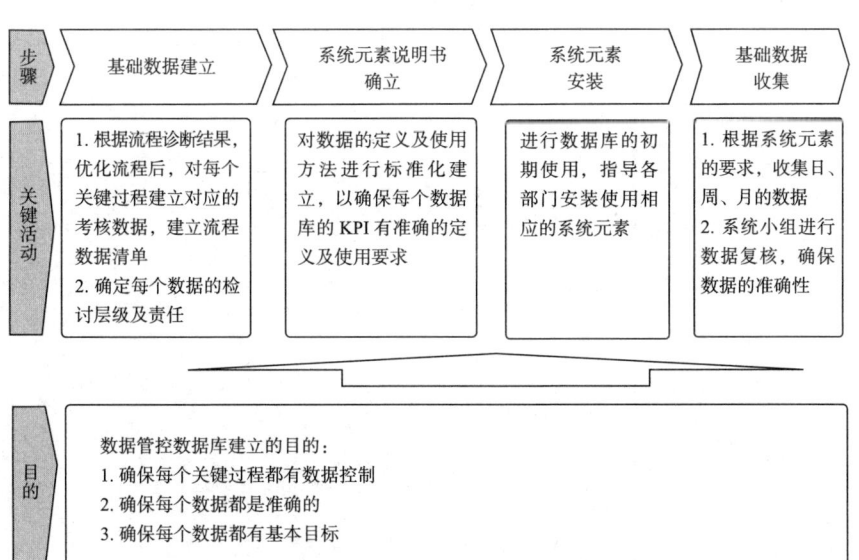

图4-1 数据库建立的操作流程

三、基础数据库的确定

企业级数据清单示例如表4-2所示。

表 4-2 企业级数据清单示例

部门	科别/流程	母指标	子指标	检讨级层			目标值	指标意义	计算方法	数据来源	被监测部门	被监测的过程	采用的图表	检讨频次
				公司	部门	科室	级别							
市场部	市场开发科	销售额					万美元	此指标将实现销售额与销售预算做比较,量度销售预算的达成状况	销售量 × 现行价格	INVOCE	市场部	C13 收付款	趋势图	周/月
		十大客户打样成功率					30%	/	批量款数 ÷ 打样款数 × 100%	/	市场部	/	趋势图	周/月
							/	/	实际接单面积	PO 及 ERP	市场部	/	趋势图	周/月
							/	/	实际接单面积	PO 及 ERP	市场部	/	趋势图	周/月

四、目标与目的、指标关系

目标：通过相应的能力，利用有限的资源，达成预期的要求。

目的：利用一切方法和手段实现自身的要求。

二者的关系如图 4-2 所示。

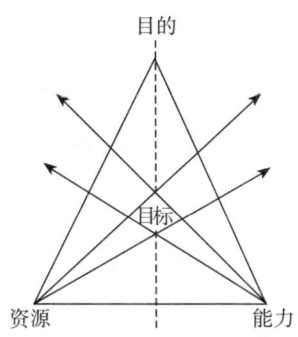

图 4-2　目标与目的的关系

战略目标、职能目标、岗位指标关系如图 4-3 所示。

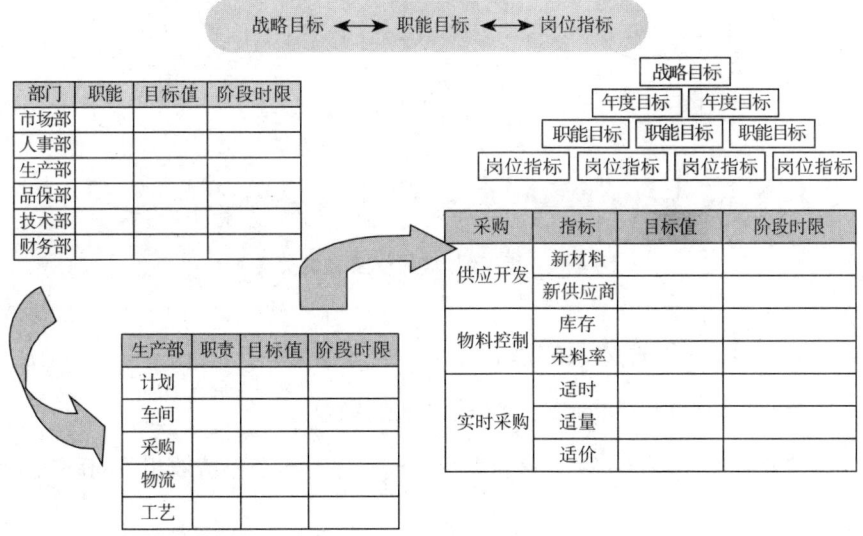

图 4-3　战略目标、职能目标、岗位指标的关系

五、绩效管理体系

（一）企业绩效与绩效管理

绩效，也称为业绩、效绩、成效等，反映的是人们从事某一种活动所产生的成绩和成果。

我们通常所说的企业绩效，指的是企业管理活动的效果和效率。企业绩效包含：

（1）组织绩效：是组织的最终运营管理的成果。

（2）个人绩效：是考核个人是否按照规范和流程去做事的结果。

组织绩效与个人绩效的关系如图4-4所示。

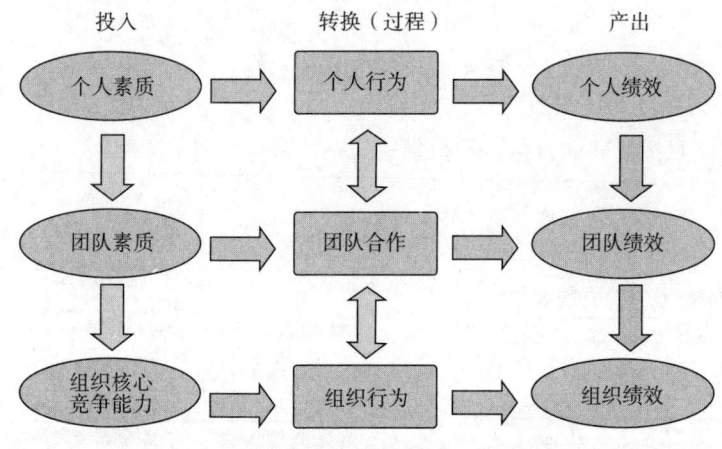

图4-4 组织绩效与个人绩效的关系

（二）绩效管理体系的理念

企业一切管理活动的核心都是为了提高绩效。

绩效管理代表着一种观念和思想，代表着对于企业绩效相关问题的系统思考。

绩效管理的指导思想就是持续改善组织和个人的绩效，最终实现企业战略。为改善企业绩效而进行的管理活动都可以纳入绩效管理范畴内。

绩效管理是一个过程，即首先明确企业要做什么（目标和计划），然后制定衡量工作做得好坏的标准并进行监测（构建指标体系并进行监测）。对做得好的（绩效考核），进行奖励（激励机制），鼓励其继续保持，以便做得更好，能够完成更高的目标。发现做得不好的地方（经营检讨），通过分析找到问题所在，进行改正，以便下次工作做得更好，这就是绩效管理过程。企业为了完成这个管理过程所构建起来的管理体系，就是绩效管理体系。

（三）建立以战略为导向的绩效管理体系的前提

企业要建立以战略为导向的绩效管理体系，必须先满足以下前提条件：

（1）企业的价值观念是明确的，而且已经得到了所有员工的认同，员工的心智模式得到了文化的改造。

（2）企业的战略规划是明确清晰的。

（3）企业组织结构的设置是合理和高效的。

（4）企业具有足够的领导力去发动变革，而且各级管理者对于绩效管理的基本思想和理念都是理解的。

（5）企业已经建立了分层分类的人力资源管理体系，包括任职资格体系，以及与之相适应的薪酬福利制度、职业发展通道和晋升机制、培训制度等各项人力资源管理制度。

（四）建立和推广绩效管理体系的目的

建立和推广绩效管理体系，最根本的目的在于不断提升组织绩效。具体来说，有以下四个方面。

1. 传递压力、聚焦团队目标

通过绩效管理系统，使企业的各级组织和员工通过上下沟通，对企业的战略目标达成共识,以便目标层层分解、层层传递,引导全体员工为企业整体目标的实现和可持续发展做出贡献。

2. 强化责任、塑造职业行为

通过持续的绩效管理循环,使每个员工,特别是各级领导能够自觉有效地承担起各自的责任,按职业化要求尽职尽责地完成任务。

3. 科学决策,提供公正待遇

科学、公正地评价员工的绩效和贡献,为薪资调整、绩效薪资发放、职务晋升等人事决策提供依据,激发员工的士气。

4. 改进绩效,促进员工发展

通过员工绩效评价和沟通反馈,为员工的绩效改进、培训计划制订提供参照依据,同时强化各级管理者指导、教育、帮助、约束与激励下属的责任,不断提升员工的价值。

(五)绩效管理体系的内容

1.KPI 体系

(1)建立 KPI 体系的意义。

如图 4-5 所示,KPI 是通过对组织内部流程的输入端、输出端的关键参数进行设置、取样、计算、分析,衡量流程绩效的一种目标式量化管理指标,是把企业的战略目标分解为可操作的工作目标的工具,是企业绩效管理的基础。KPI 可以使部门主管明确本部门的主要责任,并在此基础上,确定部门人员的业绩衡量指标,从而建立起明确的、切实可行的 KPI 体系,帮助部门主管在做好绩效管理的同时,做好经营检讨。

(2)KSF 与 KPI 的关系。

KSF,即成功关键因素(key success factors,也作 critical success factors,

/ 第四章 数据管控目标化 /

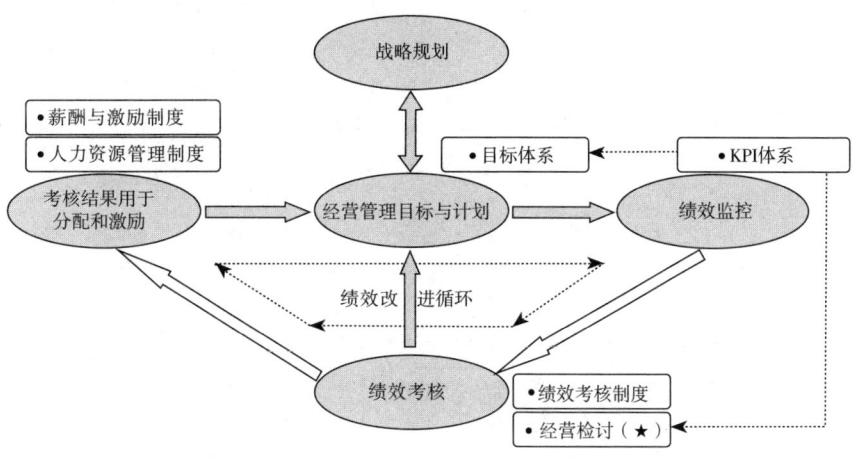

图 4-5 KPI 体系

简称 CSF），它是对企业擅长的、对成功起决定作用的某个战略要素的定性描述，它是企业实现战略目标的关键要素，能够将企业的战略目标转化为明确的行动内容。

KPI 是把对绩效的评估简化为对多个关键指标的考核，将关键指标当作评估标准，把员工的绩效与关键指标进行比较的评估方法。KPI 通过建立平衡计分卡的方法实施及落地。CSF 与 KPI 的关系如图 4-6 所示。

（3）KPI 体系的构建思想。

企业建立平衡计分卡，通过财务与非财务考核手段的相互补充，将企业的愿景和战略转化为目标和考核指标，从而对企业绩效进行全方位的监控与管理，而不仅仅局限于财务指标。非财务指标包括客户的角度、内部流程的角度、革新与学习的角度三个方面。平衡计分卡将企业的核心竞争力置于中心地位。

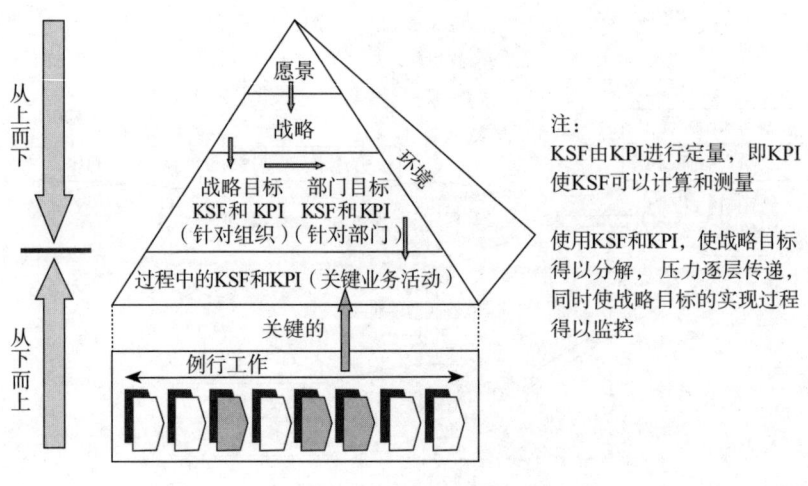

图 4-6　KSF 与 KPI 的关系

使用 KSF 和 KPI，使企业的计划与全面预算目标得以分解，压力逐层传递，同时使战略及核心竞争力目标的实现过程受到监控。大家在工作中信守"契约精神"，勇担"信托责任"。KPI 体系的构建思想如图 4-7 所示。

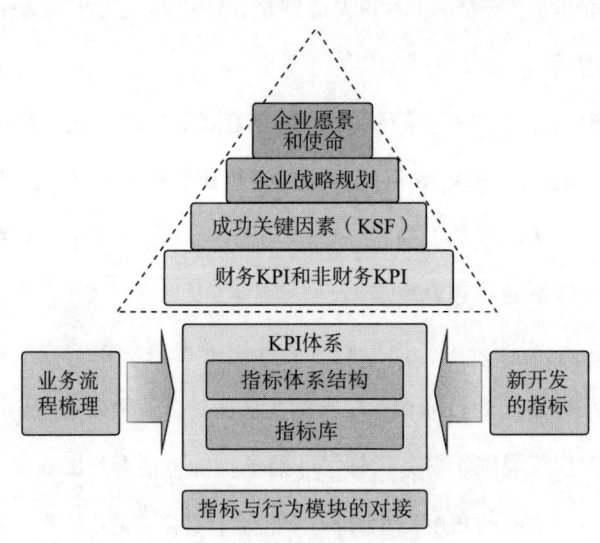

图 4-7　KPI 体系的构建思想

2. 绩效管理体系的构建工具：平衡计分卡

平衡计分卡是美国哈佛商学院教授罗伯特·卡普兰（Robert S. Kaplan）与复兴全球战略集团创始人戴维·诺顿（David P. Norton）提出的。根据美国 Gartner Group 的调查资料显示，在《财富》杂志公布的世界前 1000 家企业中，有 70% 的企业采用了综合平衡计分卡，88% 的企业提出平衡计分卡对于员工绩效方案的设计和实施是有帮助的。目前，国内部分企业也开始接受平衡计分卡，并且逐渐使用。

平衡计分卡是在定量评价和定性评价之间、客观评价和主观评价之间、指标的前期指导和后期控制之间、组织的短期增长与长期增长之间、组织的各个利益相关者之间寻求"平衡"的基础上，完成的绩效管理与战略实施过程。它使绩效考核的地位上升到组织的战略层面，使之成为组织战略的实施工具。

平衡计分卡的操作流程如图 4-8 所示。

图 4-8　平衡计分卡的操作流程

（1）建立企业的愿景和战略任务。

通过调查采集企业各种相关信息资料，运用 SWOT 分析、目标市场价值定位分析等方法对企业内外部环境和现状进行系统全面的分析，进而确立企业的愿景和战略任务。

（2）就愿景和战略任务达成共识。

与所有员工沟通企业的愿景和战略任务，使其达成共识。

（3）确定量化考核指标。

为财务、客户、内部运营、学习发展四个方面的目标找出具体的、可量化的绩效考核指标。

（4）企业内部的沟通与教育。

加强企业的内部沟通，利用各种信息传输的渠道和手段，如刊物、宣传栏、自媒体、电视、广播、标语、会议等，在全体员工中深入传达和解释企业的愿景规划与战略构想，并把绩效目标及具体的衡量指标落实到各级组织，乃至基层的每一位员工。

（5）绩效目标值的确定。

确定每年、每季、每月的绩效衡量指标的具体数字，并与企业的计划和预算相结合。将每年企业员工的浮动薪酬与绩效目标值的完成程度挂钩，形成绩效奖惩机制。

（6）绩效考核的实施。

为切实保障平衡计分卡的顺利实施，应当不断强化各种基础管理工作，完善人力资源信息系统，加强定编、定岗、定员、定额，促进员工关系和谐，注重员工培训与开发。

（7）绩效考核指标的调整。

考核结束后，及时汇报企业各个部门的绩效考核结果，听取员工的意见，通过评估与反馈分析，对相关考核指标做出调整。

3. 全方位绩效考核法

全方位绩效考核法又称为360度考核法，是一种较为全面的绩效考核方法。它强调从与被考核者发生工作关系的多方主体那里获得被考核者的信息。这些信息的来源包括：来自上级监督者的自上而下的反馈、来自下属的自下而上的反馈、来自平级同事的反馈、来自企业内部协作部门和供应部门的反馈、来自客户的反馈，以及来自本人的反馈，如图4-9所示。

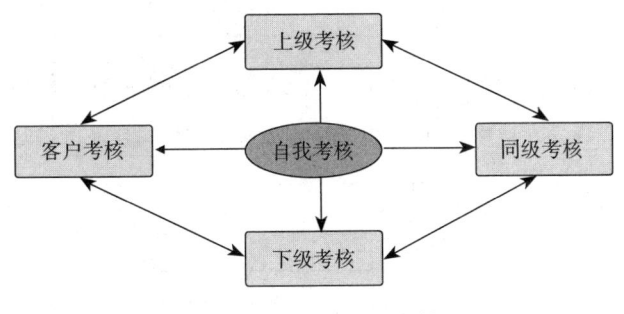

图4-9　全方位绩效考核

（1）上级考核：上级考核的实施者一般为被考核者的直接上级，其也是绩效考核中最主要的考核者。

（2）同级考核：同级考核者，一般为与被考核者工作联系较为密切的人员，他们对被考核者的工作技能、工作态度、工作表现等较为熟悉。

（3）下级考核：下级对上级进行考核，对企业民主作风的培养、企业员工之间凝聚力的提高等方面起着重要作用。

（4）自我考核：自我考核是被考核者对自己的工作表现进行评价的一种活动，它一方面有助于员工提高自我管理能力，另一方面可以获得员工对绩效考核工作的支持。

（5）客户考核：对于那些经常与客户打交道的员工来说，客户满意度是衡量其工作绩效的主要标准。

4. KPI体系与企业战略的对接

KPI体系与企业战略的对接如图4-10所示。

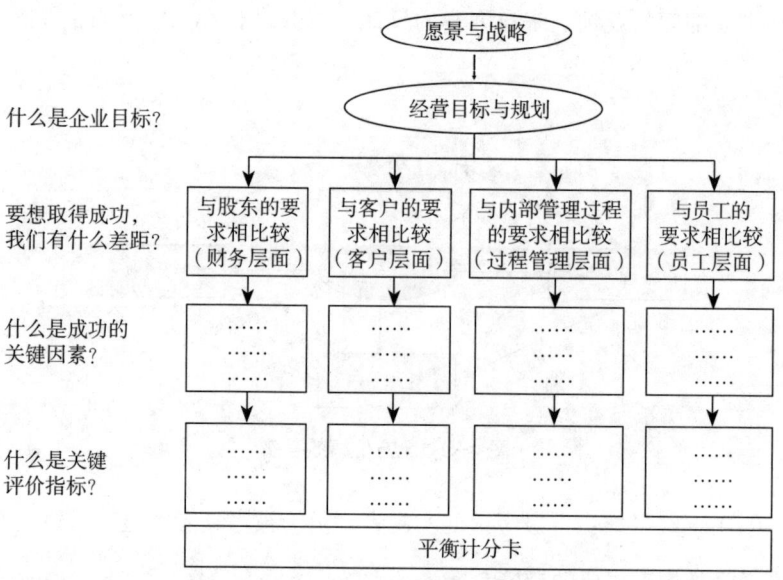

图4-10 KPI体系与企业战略的对接

（六）目标管理考核法

1. 目标管理概述

管理大师彼得·德鲁克最早提出了"目标管理"（management by objectives，MBO）的概念。彼得·德鲁克认为，目标管理是根据"重成果"的思想，先由企业确定并提出在一定时间内期望达到的理想总目标，然后由各部门和全体员工根据总目标确定各自的分目标并积极主动使之实现的一种管理方法。目标管理的设计思想是：通过有意识地为员工设立一个目标，实现达成其工作表现的目的，进而达到改善企业绩效的效果。

2. 目标体系的内容

企业目标可逐级分解为：部门目标、科室目标、班组目标、个人目标。企业目标体系的具体内容如图4-11所示。

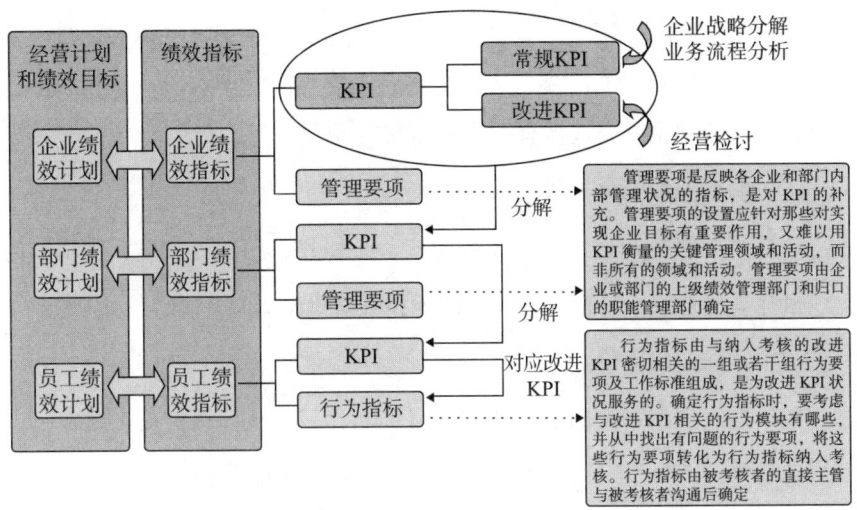

图 4-11 目标体系的内容

（1）企业的常规 KPI 由上级绩效管理部门提出，经双方沟通确定。改进 KPI 通过发现经营管理问题或短板，再对经营管理问题或短板进行追根溯源性的追查，直至追溯到员工的行为。

（2）部门的 KPI 由上级主管提出，经双方沟通后确定。

（3）员工的 KPI 分为管理者 KPI 和非管理者 KPI。管理者（企业经营者及部门负责人）的 KPI 与其负责的企业或部门的 KPI 一致。非管理者的 KPI 依据部门承担的 KPI 及员工所任职岗位的职责，由员工的直接主管与其沟通后确定。

（4）组织有管理要项，个人有行为指标，分别作为各自 KPI 的补充。

3. 目标管理考核法操作流程

目标管理考核法的操作流程如图 4-12 所示。

图 4-12 目标管理考核法的操作流程

（1）建立员工工作目标列表。

员工工作目标列表的编制由员工及其上级主管共同完成。目标的实现者也是目标的制定者，这样有利于目标的实现。

（2）明确业绩衡量方法。

一旦某项目标被确定用于绩效考核，必须收集相关的数据，明确如何以该目标衡量业绩，并建立相关的检查和平衡机制。

（3）实施业绩评价。

在给定时间期末，将员工业绩与目标相比较，从而评价员工绩效，识别培训需要，评价组织战略成功性，或提出下一时期的目标。

（七）绩效管理体系与人力资源体系的关系

一般来说，绩效管理与人力资源管理是正相关的关系，也就是说，积极的绩效管理能够对人力资源管理起到正面的作用。因此，企业应同等重视人力资源管理和绩效管理，通过提升绩效和优化人力资源，促进企业发展壮大。绩效管理体系与人力资源体系的关系如图4-13所示。

（八）企业人员绩效考核表示例

表4-3是企业员工绩效考核表示例，以供参考。

表4-3 员工KPI考核表

岗位	KPI（A）	目标（B）	权重（C）	计算方法
生产主管 KKDO-04-063Z	生产计划的完成率	80%	50%	A÷B×100×C
	生产作业计划的准确率	90%	30%	A÷B×100×C
	工作失误影响生产	0	10%	每次扣2分
	被投诉次数	0	10%	每次扣2分

（续表）

岗位	KPI（A）	目标（B）	权重（C）	计算方法
物料控制员 KKDQ-04-065Y	物料需求准确性	95%	60%	A÷B×100×C
	库存水平合理	90%	20%	A÷B×100×C
	物料需求不准确导致停拉	0	10%	每次扣2分
	物料需求不准确导致积压	0	10%	每次扣2分
计划员 KKDQ-04-066Y	计划完成率	100%	50%	A÷B×100×C
	计划准确性	90%	30%	A÷B×100×C
	工作失误影响生产	0	10%	每次扣2分
	内部客户投诉	0	10%	每次扣2分

表4-4、表4-5、表4-6、表4-7是企业高层管理人员的绩效考核表，可供参考。

表4-4 董事会KPI考核

序号	KPI	考核周期	指标定义／公式	资料来源
1	年度利润总额	年度	经核定后的企业合并报表利润总额	财务部
2	主营业务收入	年度	经核定后的企业合并报表中的主营业务收入额	财务部
3	主营业务收入增长率	年度	$\dfrac{考核期末当年主营业务收入}{考核期前一年主营业务收入} \times 100\%$	财务部
4	净资产收益率	年度	$\dfrac{净利润}{净资产} \times 100\%$	财务部
5	企业战略目标实现率	年度	$\dfrac{考核期内已实现的战略目标数}{考核期内应实现的战略目标数} \times 100\%$	董事会
6	董事工作报告通过率	年度	$\dfrac{股东大会审议通过的董事报告数量}{董事会提交股东大会审议的报告数量} \times 100\%$	董事会

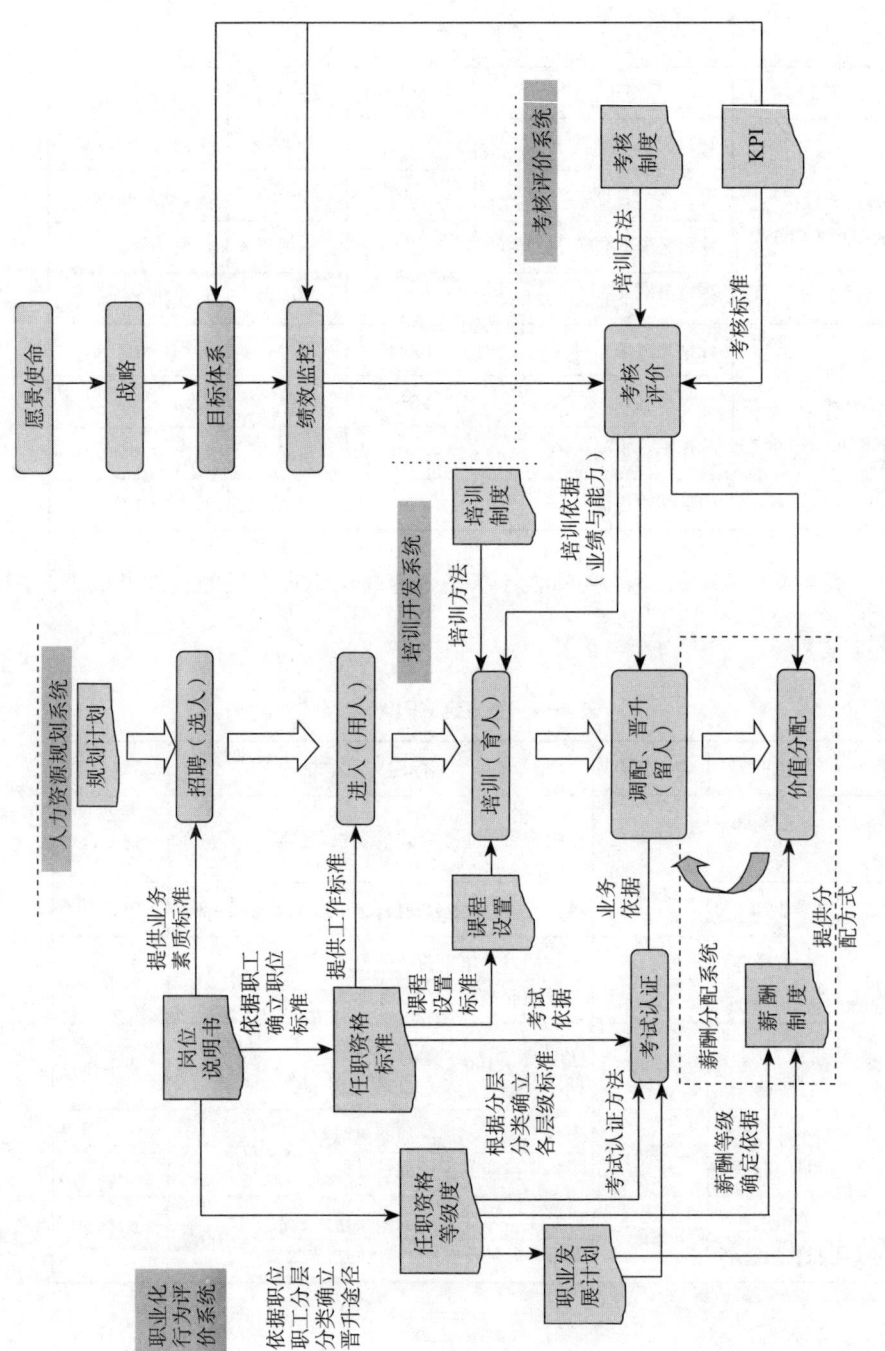

图4-13 绩效管理体系与人力资源体系的关系

表 4-5 监事会 KPI 考核

序号	KPI	考核周期	指标定义/公式	资料来源
1	财务审查计划按时完成率	年度	$\dfrac{\text{规定时间内完成财务审查的工作量}}{\text{财务审查计划完成的工作量}} \times 100\%$	监事会
2	财务状况调查计划完成率	年度	$\dfrac{\text{规定时间内完成财务调查的工作量}}{\text{财务状况调查计划完成的工作量}} \times 100\%$	监事会
3	经营管理监督会议召开次数	年度	考核期内召开经营管理监督会议的次数	监事会
4	各项监督检查报告提交及时率	年度	$\dfrac{\text{规定时间内提交监督检查报告的数量}}{\text{规定时间内应提交的监督检查报告的总数}} \times 100\%$	监事会
5	列席董事会会议的次数	年度	考核期内列席董事会会议的次数	监事会
6	监事工作报告通过率	年度	$\dfrac{\text{股东大会审议通过的监事报告数量}}{\text{监事会提交股东大会审议的报告数量}} \times 100\%$	监事会

表 4-6 总经办 KPI 考核

序号	KPI	考核周期	指标定义/公式	资料来源
1	部门工作计划按时完成率	月/季/年度	$\dfrac{\text{规定时间内实际完成计划任务数}}{\text{规定时间内应完成计划任务数}} \times 100\%$	总经办
2	文书记录起草差错次数	月/季/年度	发生影响文书记录质量的严重错误次数	总经办
3	总经理日程安排合理性	月/季/年度	总经理对日程安排表示不满意的次数	总经办
4	印鉴违规使用次数	月/季/年度	没有按照制度规定使用印鉴的次数	总经办
5	文件传递的及时性	月/季/年度	考核期内没有及时传递文件的次数	总经办
6	会议准备的充分性	月/季/年度	因会议准备不足而造成会议延误或会议中断的次数	总经办
7	档案资料归档及时率	月/季/年度	$\dfrac{\text{规定时间归档的文件数}}{\text{规定时间内应归档的文件总数}} \times 100\%$	总经办
8	企业宣传网站更新频率	月/季/年度	考核期内企业宣传网站每周更新的次数	总经办

表4-7 总经理KPI考核量表

指标维度	KPI	权重	绩效目标值	考核得分
财务类	净资产回报率	15%	考核期内净资产回报率在__%以上	
	主营业务收入	15%	考核期内主营业务收入达到__万元	
	利润额	10%	考核期内利润额达到__万元	
	总资产周转率	5%	考核期内总资产周转率达到__%	
	成本费用利润率	5%	考核期内成本费用利润率达到__%	
内部运营类	年度发展战略目标完成率	10%	考核期内年度企业发展战略目标完成率达到__%	
	新业务拓展计划完成率	5%	考核期内新业务拓展计划完成率达到__%	
	投融资计划完成率	10%	考核期内投融资计划完成率达到__%	
客户类	市场占有率	5%	考核期内市场占有率达到__%	
	品牌市场价值增长率	5%	考核期内品牌市场价值增长率达到__%	
	客户投诉次数	5%	考核期内控制在__%以内	
学习发展类	核心员工保有率	5%	考核期内达到__%	
	员工流失率	5%	考核期内控制在__%以内	
本次考核总得分				
考核指标说明	1. 成本费用利润率 成本费用利润率 = $\dfrac{利润总额}{成本费用总额} \times 100\%$ 2. 品牌市场价值 品牌市场价值数据经第三方权威机构测评获得			

被考核人	考核人	复核人
签字： 日期：	签字： 日期：	签字： 日期：

第三节 数据管控目标化的工具活用

一、统计工具与图表活用

在"互联网+"和中美贸易战的大背景下，企业之间的竞争更加激烈了。想持续保持竞争力的企业，普遍都在推进更精细化、更科学的管理。数据分析和数据管控是帮助企业实现精细化、科学管理的必由路径。数据分析和数据管控离不开统计工具与图表的灵活运用，与此同时，数据分析能力也成为企业招聘员工的条件之一，优秀员工必须具备此项能力！

数据分析一般分为四个步骤。

第一步：全面数据采集。企业要采集并存储企业生产经营中的一切数据，形成数据资产，供数据分析和决策使用。

第二步：整理数据资源，建立数据库，实行动态管理。企业要指定数据采集点，对数据进行分级的权限管理，实现数据的统一管理和可追溯。

第三步：建立企业的数据管理平台（软件管理）。企业要建立具备存储和备份功能的数据中心，可以借助外部云存储。

第四步：建立数据的智能管理系统以提升企业的创新能力。企业可以运用互联网技术通过智能终端、传感网络设备、物流记录、网点记录和电子商务平台等获得原始数据，通过运用数据分析和处理工具帮助企业提升创新能力。

统计分析的工具很多，以下主要介绍QC（质量管理）七大手法、5why分析法、5W2H分析法和头脑风暴法。

二、QC 七大手法

QC 的方法分为两大类：一是建立在全面质量管理思想（TQM）之上的组织性的质量管理（管理类），二是以数据统计方法为基础的质量管理（工具类）。

组织性的质量管理方法是指从组织结构、业务流程和人员工作方式的角度进行质量管理的方法，它建立在全面质量管理的思想之上，主要内容有制定质量方针、建立质量保证体系、开展 QC 小组活动、各部门质量责任的分担、进行质量诊断等。

以数据统计为基础的质量管理，所使用的工具主要是 QC 七大手法。日本著名的质量管理专家石川馨说过，企业 95% 的质量问题，可通过企业上下全体人员活用 QC 七大手法得到解决。该手法也为企业推行精细化管理打下了坚实的基础。

QC 七大手法分为旧 QC 七大手法和新 QC 七大手法两类。

（一）旧 QC 七大手法

旧 QC 七大手法的工具包括鱼骨图（特性要因图）、柏拉图、查检表、层别法、散布图、直方图和管制图，其各自功能对比如表 4-8 所示。

表 4-8　旧 QC 七大手法

工具	特点	图形	用途	备注
鱼骨图	分类清楚	（鱼骨图示意）	·问题的整理 ·原因的探索 ·追查真正的原因 ·寻找对策	可应用反转法，由找要因变换为找对策方法
柏拉图	把握重点	（柏拉图示意）	·决定改善目标 ·明了改善结果 ·掌握重点分析	能以前面几项为改善要点，可忽略最后几项

（续表）

工具	特点	图形	用途	备注
查检表	简单有效	SMT贴片不良查检表	• 日常管理 • 收集数据 • 改善管理	帮助每个人在最短时间内完成必要的数据收集
层别法	比较作用		应用层别区分法，找出数据差异的原因及5M1E层别	借用其他图形，本身无图形
散布图	相关易懂		检定特性（结果）与要因（原因）的关系	应用范围较受限制
直方图	了解质量	频数分布直方图	• 了解分布 • 了解过程能力 • 与规格比较 • 同批品质情况	了解一批产品质量之好坏
管制图	趋势明朗		掌握过程现状，在质量发现异状时及时采取行动	借由上、下界线的限定，判断生产质量是否在受控范围内

旧 QC 七大手法口诀如下：

鱼骨追原因；

柏拉抓重点；

查检集数据；

层别做解析；

散布看相关；

直方显分布；

管制找异常。

（二）新 QC 七大手法

1. 新 QC 七大手法概述

新 QC 七大手法包括：

（1）关联图：理清复杂因素间的因果关系（问题与原因）。

（2）亲和图：整理语言资料，从中收集信息。

（3）系统图：系统地寻求实现目标的手段。

（4）矩阵图：多角度考察存在问题的变量关系。

（5）过程决策程序图（PDPC）：预测设计中可能出现的障碍和结果。

（6）箭条图：合理制订进度计划。

（7）矩阵数据解析法：将多变量转化成少变量的数据分析方法。

新 QC 七大手法的口诀如下：

关联找因果；

亲和归语言；

系统展手段；

矩阵显相关；

PDPC 测障碍；

箭条定路线；

解析化变量。

2. 新 QC 七大手法的使用规则

新 QC 七大手法的使用场景如表 4-9 所示。

表 4-9　新 QC 七大手法的使用场景

问题形态	使用手法
问题是什么	亲和图
为什么会如此	关联图

(续表)

问题形态	使用手法
为什么要这样做	系统图
甲与乙对应的关系如何	矩阵图/矩阵数据解析法
时间依序顺序如何	箭条图
若那样该怎么办	PDPC

新 QC 七大手法的用途如表 4-10 所示。

表 4-10 新 QC 七大手法的用途

用途（当你想要……）	使用手法	内容说明
澄清问题	亲和图	当你处于混沌不清的状况，想要澄清问题，找出问题时使用
	关联图	
展开方案	系统图	针对某一问题事件，寻找解决方法，展开对策步骤
	矩阵图	
实施计划	箭条图	将针对问题事件，由大自小的处理手段排列出来，做成实施计划图，并具体实行
	PDPC	
	矩阵数据解析法	

3. 使用新 QC 七大手法的时机与理由

（1）解决问题时常发生没有数据或数据不足的情况。

（2）管理活动强调 PDCA 循环，需要有详细的计划。

（3）QC 工具不足，无法有效解决更复杂的问题，为适应将来更复杂的发展，需要新的 QC 手法。

（4）图形思考使问题更易见、易懂，有利于问题解决。

(三)新、旧 QC 七大手法的区别

旧 QC 七大手法偏重于统计分析,针对问题发生后的改善;新 QC 七大手法偏重于思考分析过程,强调在问题发生前进行预防。两者区别如表 4-11 所示。

表 4-11 新、旧 QC 七大手法的区别

旧 QC 七大手法	新 QC 七大手法
理性层面	感性层面
大量的数据资料	大量的语言资料
问题发生后的改善	问题发生前的计划、构想

(四)新、旧 QC 七大手法的使用范围

新、旧 QC 七大手法的使用范围如表 4-12 所示。

三、5why 分析法

(一)什么是 5why 分析法

5why 分析法又叫"五问分析法",发源于日本丰田汽车公司。丰田生产系统的设计师大野耐一曾这样评价 5why 分析法:"……丰田科学方法的基础,……重复五次,问题的本质及解决方法随即显而易见。"

大野耐一喜欢在车间走来走去,边观察边向工人发问。就一个问题,他反复地问"为什么",直到找到问题根源为止。

有一天,大野耐一发现生产线上的机器总是停转,虽然多次修理,但情况仍不见好转。大野耐一与工人的对话如下:

一问:为什么机器停了?

表4-12 新、旧QC七大手法的使用范围

阶段/时机	矩阵数据解析法	箭条图	PDPC	矩阵图	系统图	关联图	亲和图	查检表	层别法	柏拉图	鱼骨图	直方图	管制图	散布图
	新QC七大手法									旧QC七大手法				
选题				△				●		●		○	○	○
现状调查								●	○	●		○	○	○
设定目标	△						○					△	△	
分析原因					●	●					●			
确定主要原因				○				○	○	○		○	○	○
拟定对策		○	●	△	△			○	○					
按策实施		○	●	△	△			○						
效果确认								○		○		○	○	○
标准化								○				△	△	

● 表示特别有效，○ 表示有效，△ 表示有时采用

答：因为超过了负荷，保险丝就断了。

二问：为什么超负荷呢？

答：因为轴承的润滑不够。

三问：为什么轴承润滑不够？

答：因为润滑泵吸不上油。

四问：为什么润滑泵吸不上油？

答：因为油泵轴磨损、松动了。

五问：为什么油泵轴磨损了呢？

答：因为没有安装过滤器，混进了铁屑等杂质。

经过连续五次不停地问"为什么"，找到了问题的真正原因和解决方法，在油泵上安装过滤器，解决了机器停转的问题。

对于生产过程中出现的一些问题，有时人们很难找到真正有效的应对措施，原因在于：

（1）没有追究真因，只有找到真因才能防止问题再发生。

（2）认定了一个发生原因之后，不再探索其他原因。

（3）没有科学地分析问题的发生原因。

（4）对"问题真因""措施整改内容"理解不足。

要想彻底解决问题，就必须找到问题的真正诱因。5why分析法，不是有根据经验等思考诱发现象的要因，而是有规则、按顺序、没有遗漏地把真正的要因全部梳理出来，然后针对最后一个"为什么"，探寻整改措施。

5why分析法的分析路径如图4–14所示。

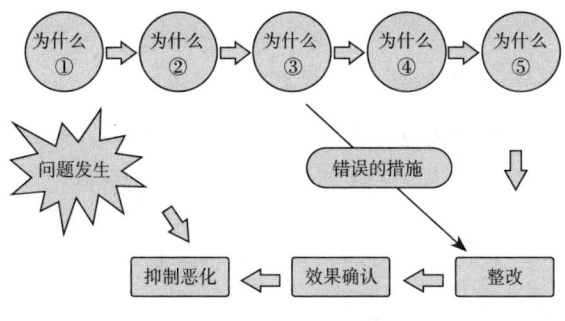

图 4-14 5why 分析路径

其中,最后一个"为什么"和整改措施的关系如图 4-15 所示。

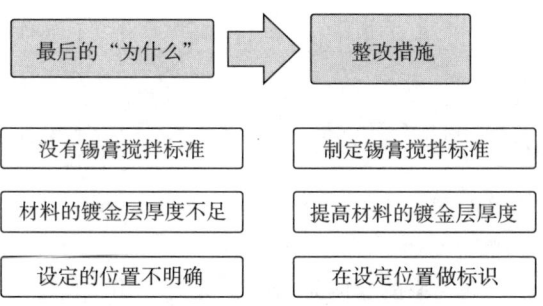

图 4-15 "为什么"和措施的关系示例

(二)5why 分析法的操作要点

在使用 5why 分析法时,应注意以下要点。

(1)整理并区分问题,掌握事实状态。

整理有可能认清问题的对象、物品或事项,牢牢把握其中的事实。

如果是故障解析,在"为什么"解析之前,首先要明确发生的现场和现物状态、故障的详细内容。

(2)充分理解成为问题的部分的机器构造、功能原理。

实施"为什么"解析的时候要集合大家的智慧。

如果是机器故障,解析时要把出现问题的部分和相关联部分的草图在现场画出来。

如果是业务问题,要写出发生问题的业务流程。

(3)对现象和原因的描述要尽量简短,以"×××发生了×××"形式进行描述。

(4)"为什么"解析完之后,一定要从最后的"为什么"开始,以追溯的形式,确认分析是否正确。追溯的时候,用"因为×××,所以×××"方式,如图4–16所示。

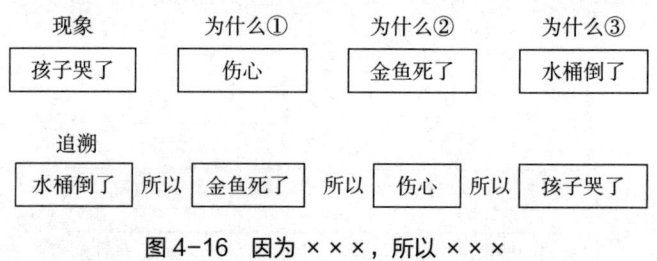

图4–16　因为×××,所以×××

(5)思考对一个现象的要因是否列举完全。相反,也可以思考如果这个要因不发生,前面的现象会不会发生,并以这种方式进行确认。原因分析可参考图4–17。

(6)持续问"为什么",直到出现能找出预防再发生的措施。如图4–18所示,找到防止再发生的措施,这样的话:

① 改进后不再发生问题;

② 即使再次发生,也很容易发现。

(7)只列出认为是异常的事项。

例如,BGA假焊了,原因可能是:

① PCB与BGA间有异物。

② BGA位置锡膏量偏少。

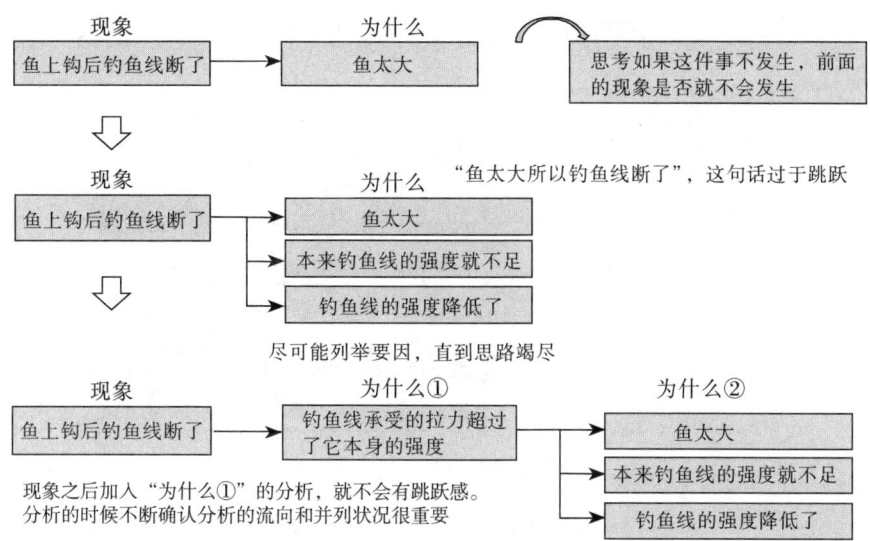

图 4-17 "鱼没有钓上来"的原因分析

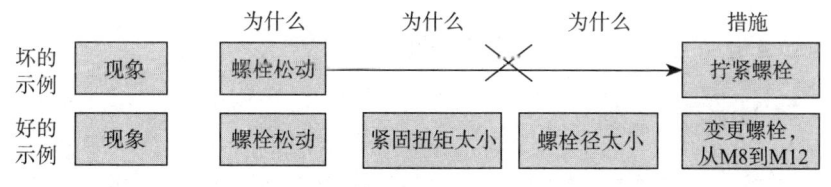

图 4-18 持续问"为什么"

③ 锡膏未充分熔化。

（8）原因追究要避免使用描述人的心理层面的语言，如"发呆了，太累了"之类，应该追究硬件方面或管理机制方面的原因。

（9）不使用"很差""不充分""不足"等词语，比如"设计很差""材料很差"等，要用明确而具体的词语来表现。

(三) 5why 经典案例分析

以下举几个使用 5why 分析原因的例子，仅供参考。

1. 案例一：A 车间地板上有一摊油

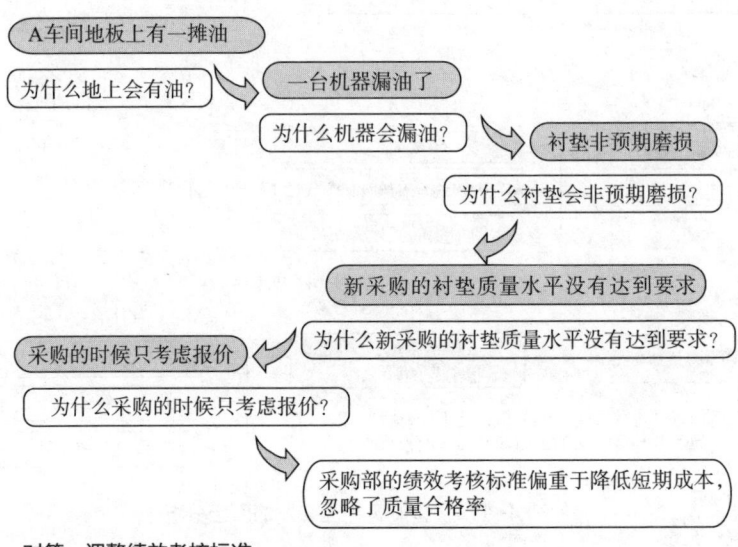

对策：调整绩效考核标准。

图 4-19　地板上有一摊油

2. 案例二：迟到

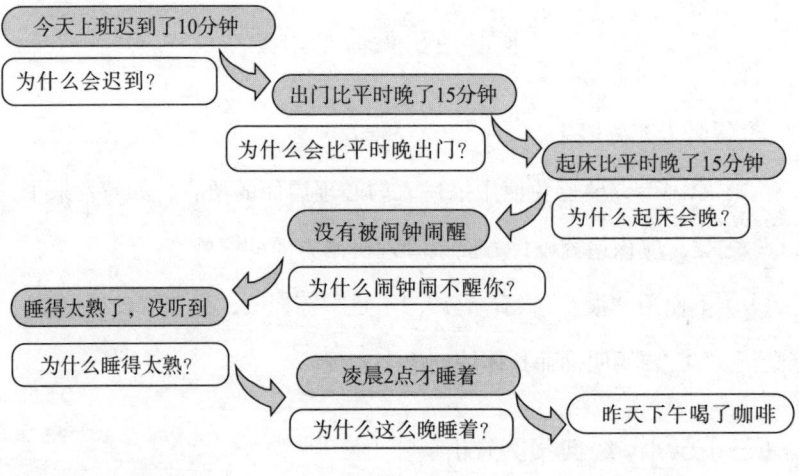

对策：换种饮料如何？

图 4-20　迟到

3. 案例三：某纪念馆外墙墙面破损严重

```
某纪念馆外墙墙面破损情况很严重          被黄昏的灯光吸引
        │                                    ↑
   为什么破损严重？                      为什么会有小昆虫？
        ↓                                    │
  经常用化学性质很强烈                  有很多小昆虫，蜘蛛吃昆虫
  的清洗液对其进行清洗                         ↑
        │                              为什么会有这么多蜘蛛？
   为什么经常清洗？                            │
        ↓                              蜘蛛很多，鸟喜欢吃蜘蛛
   为了清除大量的鸟粪                           ↑
        │                              为什么会有这么多鸟？
   为什么会有这么多鸟粪？────────────→  周围聚集了大量的鸟
```

对策：天黑前拉上窗帘。

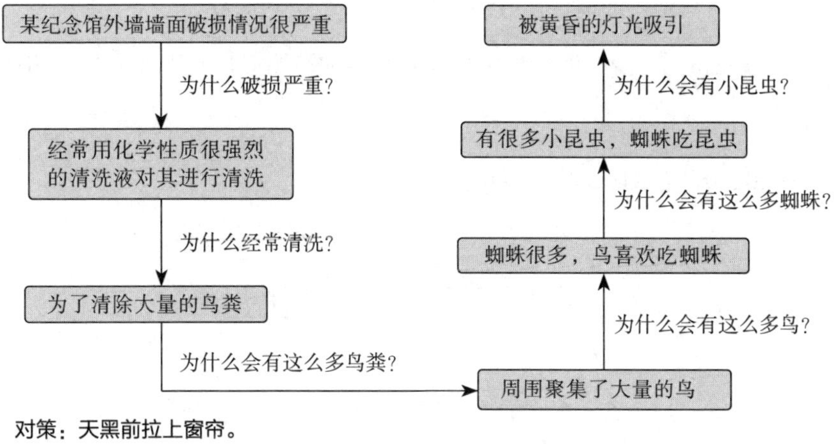

图 4-21　某纪念馆外墙墙面破损严重

四、5W2H 分析法

（一）什么是 5W2H 分析法

提出疑问对于发现问题和解决问题是极其重要的。创造力强的人都具有善于提问题的能力。众所周知，提出一个好的问题，就意味着问题解决了一半。

5W2H 分析法又叫"七问分析法"，它简单方便，易于理解使用，富有启发意义，广泛适用于企业管理和技术活动，对于决策和执行性活动措施非常有帮助，也有助于弥补考虑问题的疏漏。

5W2H 分析法的七问分别是：

why：为什么？为什么要这么做？理由何在？原因是什么？

what：是什么？目的是什么？做什么工作？

where：何处？在哪里做？从哪里入手？

when：何时？什么时间完成？什么时机最适宜？

who：谁？由谁来承担？谁来完成？谁负责？

how：怎样做？如何提高效率？如何实施？方法怎样？

how much：多少？做到什么程度？数量如何？质量水平如何？费用产出如何？

5W2H 分析法的思维导图如图 4-22 所示。

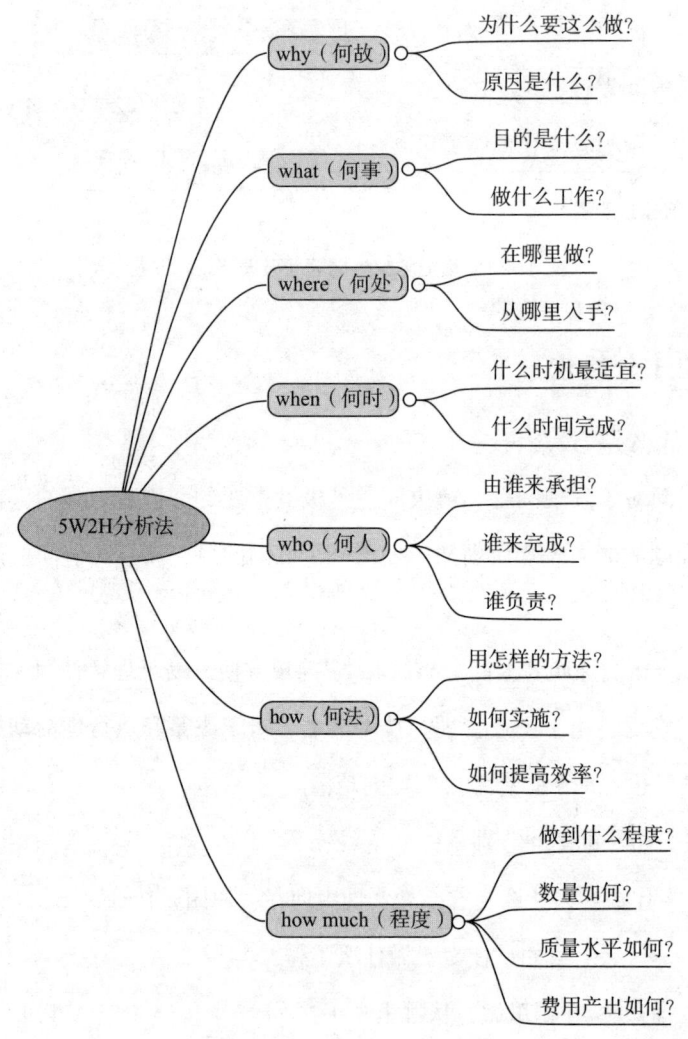

图 4-22　5W2H 分析法思维导图

（二）5W2H 分析法的用途和目的

5W2H 分析法的用途是：会议通知、制订计划、分配任务。

5W2H 分析法的目的是：帮助我们步骤化、流程化地进行思考，让思维更缜密。

（三）5W2H 分析法的使用要点

5W2H 分析法的使用要点如图 4-23 所示。

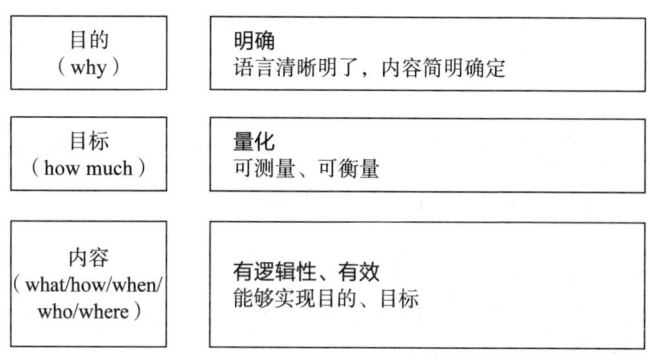

图 4-23 5W2H 分析法的使用要点

（四）5W2H 分析法应用举例

主题：提高新员工安全意识的对策。

目的：对新员工进行上岗前岗位安全意识教育。

针对"提高新员工安全意识的对策"，使用 5W2H 分析法，结果如表 4-13 所示。

表 4-13 提高新员工安全意识的对策

目的（why）	提高新员工的安全意识
目标（how much）	让新员工掌握岗位现场的安全隐患及保证安全的要点
主要内容（what）	给新员工做岗位安全意识教育

（续表）

详细内容（how）	1. 带新员工到岗位现场 2. 根据《岗位安全意识教育大纲》指着安全隐患点做讲解 3. 要求新员工立刻复述讲解要点 4. 做教育记录并请新员工签字
时间（when）	新员工上岗前一天
地点（where）	培训道场
谁负责（who）	安全员

五、头脑风暴法

（一）什么是头脑风暴法

在群体决策中，由于群体成员心理相互作用并相互影响，大多数人出于"不得罪人"的想法，极易附和领导或大多数人的意见，形成"群体思维"。群体思维削弱了群体的批判精神和创造力，降低了决策的质量。为了保证群体决策的创造性，提高决策质量，人们在管理时扩展了一系列改善群体决策的方法，头脑风暴法是较为典型的一种。

头脑风暴法又称"脑力激荡法"，它是一种通过小型会议的组织形式，让所有参加者在自由愉快、畅所欲言的气氛中，相互启发灵感，最终产生创造性思维的决策方法。

头脑风暴法是一切创造性解决问题方法的来源。头脑风暴法不是分析性的，它是对新措施的寻求，即采取新措施的方式来解决问题，目的是尽可能地提出新观念，以便选择最好的。

（二）头脑风暴法的应用时机

在以下情况中，均可以用头脑风暴法。

1. 设计创新方案

编写部门文化活动方案、设计班组看板等,都可以采用头脑风暴法,来进行方案和创意的多样化设计。

2. 安全风险分析

部门开展安全隐患识别、作业风险分析等工作时,可以采用头脑风暴法,以求更全面、系统、多角度地识别安全风险。

3. 问题案例分析

在问题案例的原因分析阶段,以及改善措施的讨论阶段,可以采用头脑风暴法,更全面地分析原因,寻找更多的改善措施。

4. QCC 小组改善活动

在 QCC 小组改善活动中,课题选择、原因分析、制定对策等环节,都可以采用头脑风暴法开拓思路,进行更多问题的分析,以便更全面地分析原因,制定更多创新的对策。

(三)头脑风暴实施成功的关键

头脑风暴的成功在很大程度上取决于与会人员的素质。

1. 主持人的个人素质

一个合格的头脑风暴法主持人需要具备下列条件:

(1)了解召集会议的目的。

(2)思想敏锐,表达归纳能力强。

(3)掌握头脑风暴法的原则,善于引导大家思考和发表观点。

(4)自己发表倾向性观点。

(5)善于阻止相互间的评价和批评。

2. 与会人员的素质

头脑风暴法与会人员应包括下列人员：

（1）生产现场主管——专题会议的主持者。

（2）一线技工——工序的作业者。

（3）现场 QC——提供不良现象和质量数据。

（4）现场生产工程师（PE）——提供专业的技术分析。

（5）质量工程师（QE）——具有逻辑思维和分析能力。

（四）头脑风暴法的使用原则

使用头脑风暴法要遵循以下原则：

（1）鼓励激进的想法。

（2）建立于其他主意之上。

（3）始终聚焦于主题。

（4）不准评论他人构想的好坏。

（5）服从主持人的裁决和指挥。

（6）不允许私下交流。

（五）头脑风暴法的具体实施

实施头脑风暴法，一般要经过以下几个步骤：

1. 选定基本议题

议题的选择应十分明确。议题是组织一直悬而未决的问题，参与者对此有浓厚的兴趣。会议开始后，主持人应对议题仔细阐释，以便与会者理解。

2. 确定与会人员

如前所述，与会人员应包括一般员工、技术人员、管理者、监督人员，以及领导者，总人数一般不宜超过 10 人。确定一位主持人，另外要有专人进行记录，主持人和记录者也可以是同一人。

3. 确定时间和场所

对场所进行必要的布置，布置过程中要提供记录用的纸、笔、白板等。记录员要将成员提供的主意记录于所有成员都能看到的白板上，安排座位时应便于成员看到记录的情况。

4. 畅谈阶段

畅谈是头脑风暴法的创意阶段。为了使与会人员能够畅所欲言，需要制定一些规则。主持人首先要向与会人员宣布这些规则。如果时间允许，可以让与会人员先就所需解决的问题独立考虑 10 分钟左右。随后主持人引导与会人员自由发言，要求大家自由想象、自由发挥，使彼此相互启发、相互补充，真正做到知无不言、言无不尽。可以按顺序"一个接一个"轮流发表意见，如轮到的人当时无新构想，可以跳到下一个人。与会人员每讲出一个主意、方案，记录员马上写在白板上，使每个人都能看见，以利于激发新的方案。为了使大家对问题的表述能够具有新角度、新思维，主持人或记录员要对发言记录进行归纳、整理，找出富有创意的见解，以及具有启发性的表述，供下一步头脑风暴时参考。

5. 筛选阶段

通过头脑风暴畅谈，我们往往能获得大量与议题有关的设想。至此，任务只完成了一半，更重要的是对已获得的设想进行整理分析处理。在筛选阶段，要通过评审将大家的想法整理成若干方案，经过多次反复比较，最后确定 1~3 个最佳方案。

第四节　数据管控目标化的制胜法宝

一、数据与目标检讨会议制度

（一）数据检讨的意义

对数据和目标进行检讨，明确每个数据的改进需求，将对企业运作的效率起到关键作用。检讨制度的相关内容如表4-14、表4-15所示。

表4-14　数据与目标检讨会议制度

内容说明	工作目标	工作方法	工作成果
• 根据前期收集的数据库，召开各个层级的检讨会议，确定每个数据与目标之间的差距 • 分析每个数据与目标差距点，形成"解决问题跟催表"对数据未达成目标的原因进行分析，并制定落实措施 • 安排人员跟踪验证每个关键措施的落实情况，对效果进行追踪，确保数据能逐步改进 • 指导企业进行管理和技术上的分析，从管理和技术层面缩小与企业目标之间的差距	• 确定检讨会议 • 完成内部检讨会议流程辅导 • 完成解决问题思路的分析 • 完成解决问题的跟踪验证分析 • 建立企业完善的内部解决问题的机制	• 专题研讨会 • 一对一重点访谈 • 牛皮纸法 • 三色笔法 • 资料研究 • 案例标杆	• 内部数据管控手册（见表4-15） • 检讨会运作制度

表4-15　数据管控手册（示例，节选）

文件名称	TQM数据管控手册	文件编号：HKTQM-01-WI-001 制订日期：2015年09月01日 版本：A/0 页码：第3页，共8页

4.1.2　短期控制表及生产日报表
　　4.1.2.1　短期控制表及生产日报表适用于生产部门人员，除沉铜、电镀线用生产日报表外，其余人员或机器全部使用短期控制表
　　4.1.2.2　短期控制表及生产日报表填写必须准确、规范，系统元素应当填写完整，不得随意涂改
　　4.1.2.3　各部门主管组长应当每日抽检本部门人员报表的填写状况，发现问题应及时予以纠正
　　4.1.2.4　不开机的机器，必须由本工序组长以上人员（含组长）填写短期控制表，不得因人员未到或无排产等原因而找借口推辞。如发现有未填写的，工序组长负直接责任，工序主管负连带责任

（二）数据检讨操作流程

数据检讨的操作流程如图 4-24 所示。

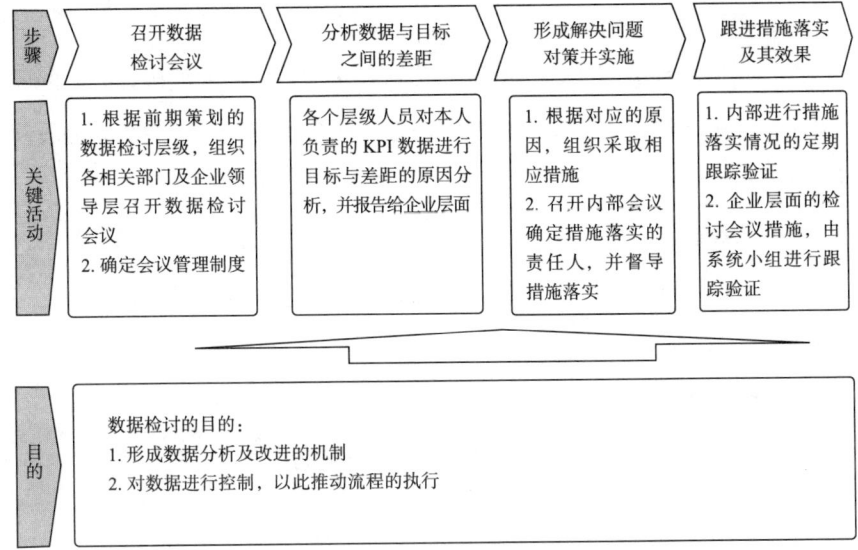

图 4-24　数据检讨操作流程

（三）会议矩阵

企业各层级人员的数据检讨会的形式，如图 4-25 所示。

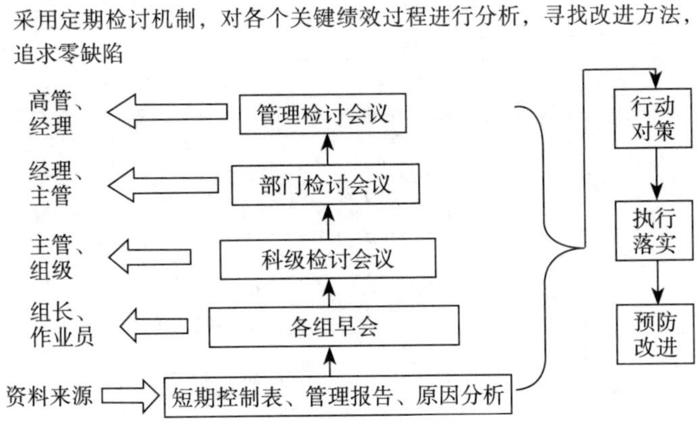

采用定期检讨机制，对各个关键绩效过程进行分析，寻找改进方法，追求零缺陷

图 4-25　会议矩阵

二、解决问题的流程

解决问题一般要经过五个步骤。

1. 明确问题

首先要正确理解问题，弄清楚问题到底是什么，需要解决什么。问题不明确、解决方法不正确，都会导致问题无法彻底解决。不能孤立地看问题，要系统性地看待问题。

2. 头脑风暴

尽可能详尽地罗列所有信息，并将类似的信息进行连线，找出解决问题的各种想法，不要设限。

3. 连线分组

对列出的想法，按照时间、重要性等原则进行分组。

4. 结构提炼

按问题的层次确定结构，在讨论的时候视情况加以调整。

5. 观点补充

确定结构后，审查是否需要补充其他信息，完善思路并制订行动计划。

问题解决流程如图 4-26 所示。

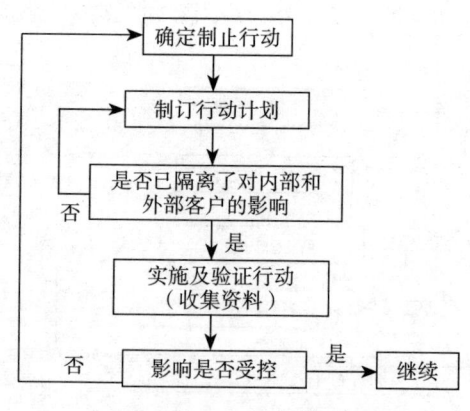

图 4-26　解决问题的流程

"精细化"语录

1. 没有数据就会拮据，没有目标就会流标。

2. 错的数据，错的时间，错的地点，做错的事。

3. 中国式的企业管理模式，必须用中国式的 KPI 解决问题，真正的绩效考核是领导被考核。

4. 我的地盘我做主，要想成功，必先用功。

标杆企业的企业文化

一、阿里巴巴的"六脉神剑"与"九阳真经"

（说明：根据网上资料整理）

阿里巴巴十八个创始人与合伙人之一的彭蕾在阿里巴巴十周年时披露："当年（第一次聚在一起开会时），几乎都是他（马云）在讲，他说我们要做一个中国人创办的世界上最伟大的互联网公司。"从这段文字中，我们看到马云当年的梦想是"做一个中国人创办的世界上最伟大的互联网公司"，当时阿里巴巴给自己定的使命是"让天下没有难做的生意"。

2009年9月10日，阿里巴巴的十周年庆典晚会，马云出席并发表演讲。他说："世界不需要再多一家互联网公司，世界不需要再多一家像阿里巴巴一样会挣钱的公司，世界也不需要有持久经验的公司，世界需要的是一家更加开放、更愿分享、更有责任的公司。社会需要一家社会型的企业，来自于社会，服务于社会，对未来社会充满责任、承担责任的企业，世界需要的是一种精神、一种文化、一种信念、一种梦想。……我认为这世界在呼唤一种新的商业文明。"这次演讲中,马云首次提出了"世界需要一种新的商业文明"。此后,阿里巴巴将梦想确立为——"通过发展新的生意方式创造一个截然不同的世界";将使命重新定义为——促进"开放、透明、分享、责任"的新商业文明;将企业的愿景定义为——成为一家持续发展102年的公司,成为全球最大电子商务服务供应商,成为全球最佳雇主公司;将愿景确定为——分享数据的第一平台,幸福指数最高的企业,"活102年";将十年目标确定为——要为全世界创造1000万家小企业的电子商务平台,要为全世界创造1亿个就业机会,要为全世界10亿人提供消费平台。可以看出,此时的马云和阿里巴巴已经将梦想聚焦于"实现一种新的商业文明"上。

要实现梦想,必须懂得绘制蓝图,也许对马云来说,"梦想"并不复杂,重要的是实现梦想的"工程蓝图"。即便这个蓝图经常会修改,它也仍然是蓝图。正因为有了蓝图,才真正有了行动的方向。

除了以上的梦想、愿景、使命和目标之外,马云还在当晚的演讲上说:"阿里人未来10年坚守我们的信念,坚守我们的文化,坚守我们的梦想。只有梦想、理念、使命、价值体系才能让我们走得更远。我们希望员工不仅仅是物质的富有,更是精神的富有,我们希望员工有成就感,为社会认同,被社会尊重,我们永远坚持认真生活、快乐工作。"阿里巴巴的价值观驱动理念和实践被证明是有效的,到了阿里巴巴,你就能感受到员工的活力和组织的生命力。

阿里巴巴为保证在团队扩张过程中,企业文化和企业精神不被稀释,提出对阿里巴巴每一个人的价值观进行考核,并且以50%的比重计入考核分值。要求在每一个考核期内,员工在与上级主管的考核面谈中,举例证明自己在本考核期内，在执行阿里巴巴价值观方面有所提升。而且为了防止价值观考核流于形式，阿里巴巴要求员工自评或主管评价下级时，打分过高（总共 5 分，打 3 分以上）或过低（2 分以下），都要给出说明实例。阿里巴巴价值观考核的标准体系就是面向普通员工的"六脉神剑"和面向管理者的"九阳真经"。"六脉神剑"是考核管理级别 M4（总监）以下阿里人的，每月一次，而从 M4 往上的高管，则用"九阳真经"来考核，半年一次。"九阳真经"在"六脉神剑"的基础上，增加了对领导力的要求。

（一）阿里巴巴的"六脉神剑"

现在，我们来看看阿里巴巴的"六脉神剑"到底包括哪些内容。

1. 客户第一——客户是衣食父母

（1）尊重他人，随时随地维护阿里巴巴形象。

（2）微笑面对投诉和受到的委屈，积极主动地在工作中为客户解决问题。

（3）与客户交流的过程中如果出现问题，即使不是自己的责任，也不推诿。

（4）站在客户的立场思考问题，在坚持原则的基础上，最终达到客户和公司都满意的结果。

（5）具有超前服务意识，防患于未然。

2. 团队合作——共享共担，平凡人做非凡事

（1）积极融入团队，乐于接受同事的帮助，配合团队完成工作。

（2）决策前，积极发表建设性意见，充分参与团队讨论；决策后，无论个人是否有异议，都必须从言行上完全予以支持。

（3）积极主动分享业务知识和经验，主动给予同事必要的帮助，善于利用团队的力量解决问题和困难。

（4）善于和不同类型的同事合作，不将个人喜好带入工作，充分体现"对事不对人"的原则。

（5）有主人翁意识，积极正面地影响团队，改善团队士气和氛围。

3. 拥抱变化——迎接变化，勇于创新

（1）适应公司的日常变化，不抱怨。

（2）面对变化，理性对待，充分沟通，诚意配合。

（3）对变化产生的困难和挫折，能自我调整，并正面影响和带动同事。

（4）在工作中有前瞻意识，建立新方法、新思路。

（5）创造变化，并带来绩效突破性的提高。

4. 诚信——诚实正直，言出必践

（1）诚实正直，言行一致，不受利益和压力的影响。

（2）通过正确的渠道和流程，准确表达自己的观点；表达批评意见的同时能提出相应建议，直言有讳。

（3）不传播未经证实的消息，不背后不负责任地议论事和人，并能正面引导。

（4）勇于承认错误，敢于承担责任；客观反映问题，对损害公司利益的不诚信行为严厉制止。

（5）能持续一贯地执行以上标准。

5. 激情——乐观向上，永不言弃

（1）喜欢自己的工作，认同阿里巴巴企业文化。

（2）热爱阿里巴巴，顾全大局，不计较个人得失。

（3）以积极乐观的心态面对日常工作，不断自我激励，努力提升业绩。

（4）碰到困难和挫折的时候永不放弃，不断寻求突破，并获得成功。

（5）不断设定更高的目标，今天的最好表现是明天的最低要求。

6. 敬业——专业执着，精益求精

（1）上班时间只做与工作有关的事情，没有因工作失职而造成的重复错误。

（2）今天的事不推到明天，遵循必要的工作流程。

（3）持续学习，自我完善，做事情充分体现以结果为导向。

（4）能根据轻重缓急正确安排工作优先级，做正确的事。

（5）遵循但不拘泥于工作流程，化繁为简，用较小的投入获得较大的工作成果。

如前所述，阿里巴巴的绩效考核分为两部分：业绩 KPI 考核和价值观考核，其中业绩 KPI 考核是指目标的完成情况和完成目标的过程中所展现的胜任能力及职业素养。业绩 KPI 考核和价值观考核比重各占 50%，价值观考核不及格，则绩效考核不及格。价值观考核每季度一次，实行通关制，即：应该首先做到较低分数的条款，然后进阶至较高级的条款，依此原则，若较低分数未能做到，则没有机会进阶。打分的规则：每一条若只做到部分，可以评 0.5 分，如要扣分，需要对员工有事例当面说明；0.5 分（含）以下，或是 3 分（含）以上，需要上级主管书面说明事例。

（二）阿里巴巴的"九阳真经"

再来看看阿里巴巴针对 M4 及以上管理者的"九阳真经"的内容。

1. 客户第一

（1）客户第一，员工第二，股东第三。

（2）走近客户，了解客户，为客户解决问题。

（3）建立并不断完善机制，确保客户满意。

关于"客户第一"的解读提示包括：

客户—员工—股东，这是阿里巴巴领导人在面对利益冲突的时候，必须坚持的思考顺序。谁是我的客户？客户某种程度上是动态的，比如对于淘宝，3年前大量的卖家是最重要的客户，但今天买家是客户，也许优质的大卖家将成为最关键的客户。另一方面，客户包括内部、外部客户和合作伙伴。所以不同部门，在不同阶段，都要去界定自己的关键客户。但是哪类客户优先，只是不同阶段的商业决策，不能影响客户和员工之间的优先顺序。对"客户第一"不能绝对化地理解，在现实中有无数特例，需要我们的领导人在具体的判断上进行平衡。比如涨价，涨价本身是个商业决策，看上去这个决策损害了客户利益，但是在决策中是否遵循了"客户第一，员工第二，股东第三"的利益考量顺序，体现出领导人"客户第一"的行为特征。比如，沃尔玛的"客户第一"体现在他们要求"价格增长永远要比客户价值的增长低"。

作为一家服务型公司，阿里巴巴的领导人应当：

第一，善于和客户建立亲密的关系，了解客户，也让客户了解你。

第二，能够向客户推销我们的服务，并带回客户的观点。

第三，乐于为客户解决问题，无论这个问题是我们公司内部导致的，还是公司现有服务之外导致的。

2. 团队合作

（1）平凡人做非凡事，领导者是平凡的；荣誉归团队，责任归自己。

（2）建立以结果为导向的团队文化。

（3）了解同事，信任同事，营建简单信任的快乐团队。

关于团队合作的解读提示包括：

领导者是平凡的人，是团队帮助你成功。只有当你做决定、当你在承担责任的时候，你才是 CEO、总裁、总监——领导不是权力，领导是责任。荣誉归团队：把所有成功都归功到团队的努力上去。责任归自己："所有的问题都是我的问题"，对团队内所有的决定负责。

以结果为导向，就是为过程鼓掌，为结果付薪。过程好，结果不好，等于没有结果；结果好，过程不好，这是无法复制的成功；只有结果好，过程也好，才是阿里巴巴的执行力。领导者不能"说过就当做过"，对交代的事情，在过程中抓住关键点，必要时候也要盯得紧、过得细。

简单做人，简单做事，彼此信任的团队文化，才能保证团队做到以结果为导向。了解同事，不是要求领导者能够与同事打成一片，而是要能够与同事充分沟通，全面真实地了解团队的状况，真正了解你的同事在想什么。只有了解和信任你的同事，你的团队才会是快乐的、健康的。对团队中的流言和偏见，要及时制止，不要让问题过夜。我们用"同事"，而不是"员工"或者"下属"来称呼团队成员，目的就是避免引导到"官本位"的倾向上去。你就是员工，你就是群众，别把自己当干部。

3. 拥抱变化——唯一不变的就是变化

（1）变化是一切机会的来源，我们要以乐观积极的心态采取行动，帮助变化成功。

（2）理解变化背后的原因，永远以积极正面的声音传达公司信息；带动团队也能够积极行动。

（3）善于从错误中学习，持续改进。

关于拥抱变化的解读提示包括：

拥抱变化的过程，也是主动创新的过程。拥抱变化比创造变化难得多，因为需要用一种快乐的、积极的心态去拥抱变化，更要帮助变化成功。拥抱变化是我们这个行业所必需的。一切机会来自变化。拥抱变化是阿里巴巴执行力很特殊的保证。变化可能错了，没办法，但是当初一定要往前走，在某些时候，错误的决定比没有决定好。这个时候需要的是简单信任——信任团队，信任同事。

积极行动的心态，是任何领导者的执行力关键。决策前，充分发表意见；决策后，走出门就彻底忘记自己的想法——这就是"我的决定"，而不是"公司的决定"。自己理解变化的原因还不够，还要让团队一起积极行动，帮助变化成功。让团队"知其然"也"知其所以然"——尽可能地分享信息，向团队解释变化背后的原因。很多时候，即便不理解也还是去做。比如说，战略是三分看出来的，七分做出来的。这七分就是拥抱变化，不断去做，理解要执行，不理解也要执行。这是阿里巴巴最独特的东西。但是也有担心，就是领导者会在根本没想清楚的时候就去改变，或者为变而变。所以一定要从错误中学习，敢于承认错误，也允许别人犯错误。只要不是愚蠢地重复犯错，领导者一样也可以犯错。

4. 诚信——对客户、对团队、对股东坚守承诺

（1）心胸坦荡，清正廉洁，直言有讳。

（2）对客户坚守承诺，对同事言行一致，对上级客观真实。

（3）建立流程制度，保障组织健康，承担组织健康的职责。

关于诚信的解读提示包括：

心胸坦荡很难考核，因为很难说对方是不是心胸坦荡。但是一些行为是可以看到的：用冠冕堂皇的理由掩饰自己真实的想法；不承认错误，东拉西扯，回避实质性问题。我们的组织会复杂起来，挑战很大。比方说裙带关系，公司只有三五十个人的时候没问题，有一两万人的时候，这种事情一定会出现；即便不是真的，流言也会有。面对这些，我们的领导者一是要心胸坦荡，时时保持自省的态度；二是坐在这个位置上要对自己的职责负责，清正廉洁。

清正，不是"清官"的清，而是"清醒"。清静为天下正！脑子清醒，才能做到正直，不做贪官。直言有讳：外圆内方，有原则，但是注意表达方式。要讲的东西一定要讲出去，表达到位。有些人批评人的时候只说一半，另一半要对方自己猜，这也很麻烦。

对客户坚守承诺，首先要做到不过度承诺，一旦做出了承诺，则必须说到做到。在没有依据的情况下，不要把期望值拉高。对上级客观真实，就是不要"报喜不报忧"，要敢于说真话。对员工、股东，也要把可能最坏的情况说清楚，否则就是把他们当傻瓜。要做到这一点，关键还是要看上级的。比如说官官相护，互相打掩护，其实下属是否相护，一闻就闻出来了，很容易捅破的，看领导者是否想去捅破。领导者应该有这种想法：我的团队里面出现了不清正廉洁的人，肯定是我的不对，我要承担责任。我们今天的流程和制度还不够，但是我们做错的事情很少，原因是价值观正确。但是还不够，要用制度和价值观一起来约束。监管不力，其实是在引诱人犯罪。在充分授权上，也要有充分的考虑。

5. 激情——永不放弃

（1）追求理想，使命驱动，很傻很天真。

（2）在诱惑下坚持使命，在压力下又猛又持久。

（3）把自己的激情转化为团队的激情，积极影响感召团队。

关于激情的解读提示包括：

何为"永不放弃"？不失其所者久，死而不亡者寿，放而不弃者胜。不失其所者久：打仗保持不败才能常胜，进攻的人有了其所，才会去进攻。死而不亡者寿：不管我们怎么在国际上进攻，今天只要在中国的业务不倒，我们就不会倒。放而不弃者胜：不放弃是一种精神境界，但有时放弃还是必要的。战术上放弃，战略上不放弃，知进知退，有所为有所不为。一个人要成功，要永不放弃，但是学会何时放弃、怎样放弃、放弃什么的时候，才会进步。

很多时候，诱惑往往比压力更大。在阿里巴巴发展的历史上，有很多机会都曾出现过，现在也有很多人来告诉我们怎么让淘宝赚钱，诱惑很多，但是我们仍然坚持做我们应该做的。

激情来自使命感，没有使命感不可能有激情。阿里巴巴永远是一家有理想主义色彩的公司，作为这家公司的领导者，同样要有理想主义色彩，"很傻，很天真"。如果现在不做，更待何时？如果不是我，谁来担当？此时此刻，非我莫属。

6. 敬业——执子之手，与子偕老

（1）热爱公司，热爱工作。

（2）今天最好的表现是明天最低的要求。

（3）在团队中营造学习和钻研的氛围，好好学习，天天向上。

关于敬业的解读提示包括：

执子之手，与子偕老，就是跟职业生涯中的每一家公司都能有"执子之手，与子偕老"的心态。即便离开了这家公司，也能好聚好散。公司是我的生命，我的生命因公司而精彩。不能热爱公司的人，不适合成为阿里巴巴的领导者。作为阿里巴巴的领导者，热爱工作的同时热爱公司是必须的。

领导者要带领大家学习，从错误中学习，从工作中学习，甚至从娱乐中学习——学习不仅指获取更多的资讯，如参加培训、读书看报等，还要培养实现目标的能力，实现自我超越和突破。

7. 眼光

（1）会看，看到别人没有看到的机会，防止灾难。

（2）懂营销，让大家参与进来。

（3）有结果。

关于眼光的解读提示包括：

会看，机会和灾难都要看到。知未明，观未见：知道别人还没明白的，看到别人还没看到的。战略是三分看出来的，七分做出来的。大方向对了，不断试错。好的战略是"苦熬"出来的。不管能否看清未来的方向，至少自己要经常去思考，经常抬头看路，而不是一直埋头赶路。

懂营销，自己看到了，还要让大家兴奋起来，重视起来。

眼光需要全球化。21世纪的成功领导者要素：开放、分享、全球化、责任感。有眼光，还要有结果。通过别人拿结果，通过结果不断修正自己对方向的判断。要拿到结果，需要在组织、文化和制度上有相应的支持。

8. 胸怀

（1）领导者是寂寞的。

（2）胸怀是冤枉撑大的。

（3）心态开放，能倾听，善于换位思考。

关于胸怀的解读提示包括：

领导者越往上走，就会越寂寞，这是一个必经的过程。不少领导者会有很多抱怨，但是请提醒自己，调整心态，这是一个正常的情况。既然要成为领导者，就要经过这个过程。做领导者，一定要做决定，而且很多决定往往是需要力排众议的。克林顿曾说，如果有30%的人同意他的决定，他已经高兴坏了。因为你处在这个位置，你看到的东西要比别人多；反过来，也许能理解你的人就会更少。领导者要在寂寞中找到不寂寞的东西，要能耐得住寂寞，学会自得其乐，宁静以致远。

胸怀是冤枉撑大的。作为领导者，一定会有被冤枉的时候，这也是正常的情况。当被冤枉的时候，有胸怀的人才能坚持。胸怀首先是开放，只有领导者的沟通是开放坦诚的，才能让下面的人也开放坦诚地沟通。其次是包容，包容各种各样的人、思想和文化。要做到包容，自己不要有太多先入为主的判断，要善于倾听和换位思考。上善若水，领导者最高的境界是如同水一样：水能上能下，流动中无形，承载水的东西是什么形状，水就是什么形状，至柔至刚。

9. 超越伯乐

（1）找对人：知人善用，用人所长。

（2）养好人：在用的过程中养人，在养的过程中用人。

（3）养成人：造接班人，鼓励青出于蓝胜于蓝。

关于超越伯乐的解读提示包括：

善用人者，为之下。欣赏自己的同事，待人谦和，善于从他们身上学习。不争之德者，为用人之上。不争之德，不以权力压人，不轻易发怒。善于发现同事身上的优点，并用其所长。有意识地把人放到给他更大责任和压力的地方，会让他成长得更快。

通过别人拿结果，通过结果培养人。领导者应该是一个好老师，善于运用十六字诀：我说你听，我做你看，你说我听，你做我看。阿里巴巴的领导者要有老师的心态。凡是做领导的人，应该把培养接班人作为首要任务，要有胸怀去找能够超越自己的人。

二、"华为基本法"核心价值观摘要

（说明："华为基本法"核心价值观来源于网络公开资料）

（一）追求

【第一条】华为的追求是在电子信息领域实现客户的梦想，并依靠点点滴滴、锲而不舍的艰苦追求，使我们成为世界级领先企业。

为了使华为成为世界一流的设备供应商，我们将永不进入信息服务业。通过无依赖的市场压力传递，使内部机制永远处于激活状态。

（总结：有所为有所不为。）

（二）员工

【第二条】认真负责和管理有效的员工是华为最大的财富。尊重知识、尊重个性、集体奋斗和不迁就有功的员工，是我们事业可持续成长的内在要求。

（总结：不迁就有功的员工，避免居功自傲，造成团队的不和谐。）

（三）技术

【第三条】广泛吸收世界电子信息领域的最新研究成果，虚心向国内外优秀企业学习，在独立自主的基础上，开放合作地发展领先的核心技术体系，用我们卓越的产品自立于世界通信强企之林。

（总结：符合国家制定的从中国制造到中国创造的"中国制造2025"的总体要求。）

（四）精神

【第四条】爱祖国、爱人民、爱事业和爱生活是我们凝聚力的源泉。责任意识、创新精神、敬业精神与团结合作精神是我们企业文化的精髓。实事求是是我们行为的准则。

（总结：信仰、信念、信心，任何时候都至关重要。小到一个人、一个集体，大到一个政党、一个民族、一个国家，只要有信仰、信念、信心，就会愈挫愈奋、愈战愈勇，否则就会不战自败、不打自垮。——习近平）

（五）利益

【第五条】华为主张在客户、员工与合作者之间结成利益共同体。努力探索按生产要素分配的内部动力机制。我们决不让"雷锋"吃亏，奉献者定当得到合理的回报。

（总结：劳有所得，不让老实人吃亏。）

（六）文化

【第六条】资源是会枯竭的，唯有文化生生不息。一切工业产品都是人类智慧创造的。华为没有可以依存的自然资源，唯有在人的头脑中挖掘出大油田、大森林、大煤矿……。精神是可以转化成物质的，物质文明有利于巩固精神文明。我们坚持以精神文明促进物质文明的方针。

这里的文化，不仅仅包含知识、技术、管理、情操等，也包含了一切促进生产力发展的无形因素。

（总结：企业文化是企业生存之本，若没有积极进取、敬天爱人的企业文化，企业想永续经营几乎是不可能的。）

（七）社会责任

【第七条】华为以产业报国和科教兴国为己任，以公司的发展为所在社区做出贡献。为伟大祖国的繁荣昌盛，为中华民族的振兴，为自己和家人的幸福而不懈努力。

（总结：天下兴亡，匹夫有责！企业作为实现中国梦的组织单位，责无旁贷！）

精细化管理口诀

企业发展靠经营,
千锤百炼莫放松。
生产管理精细化,
赢在系统基本功。

经者径也通远方,
文化宝库寻真经。
《孝经》思想管企业,
无为而治《道德经》。

细乃小微精致义,
流程工序皆受控。
精细管理称魔鬼,
不良产品无影踪。

话乃语言会说话,
沟通有术心联通。
人人皆有话语权,
企业大树叶长青。

凝聚人心靠文化,
活用工具路路通。
匠人精神加防错,
创新转型步步赢。

赢在系统靠三化,
组织管控靠流程。
管控现场精又细,
战略目标必达成。